APRESENTAÇÃO

O tema central desta Novena faz referência direta ao Ano Santo de 2025, cuja abertura vai acontecer no dia 24 de dezembro de 2024, com encerramento na véspera do Natal do próximo ano. Estamos a caminho de mais um ano jubilar. A cada 25 anos vivemos com alegria este itinerário muito particular de peregrinação e de encontro com a misericórdia de Deus.

Centrado no verbo *acolher* e na expressão *Peregrinos da Esperança*, o tema da Novena de Nossa Senhora Aparecida quer realçar a vocação mais importante do Santuário Nacional: acolher os peregrinos e enviá-los em missão! Na Casa da Mãe Aparecida nosso povo encontra a força da própria fé, a alegria na esperança e o fervor na caridade.

Os verbos *acolher* e *enviar*, em certo sentido, desenham o movimento daquilo que pastoralmente queremos promover durante o ano jubilar: desejamos que os peregrinos sejam atraídos pelo Santuário de Aparecida e que aqui encontrem motivações para se sentirem comprometidos e enviados para a missão.

Um dos principais objetivos da Novena e Festa da Padroeira é apresentar uma catequese sobre o significado, o sentido atual e os *sinais do jubileu*. Cada dia da novena foi formulado a partir dos assim chamados *sinais do jubileu*: a *Peregrinação* propriamente dita, a *Porta Santa*, a *Profissão de Fé*, a *Caridade*, a *Reconciliação* e a *Indulgência Jubilar*.

Ao longo da história da Igreja, o Jubileu foi sempre um evento do povo. Ele é fruto da piedade popular e da fé do Povo de Deus. O ritmo celebrativo desta novena tem uma metodologia orante, sempre na perspectiva bíblica. Somos peregrinos da Esperança e, também por isso, queremos *ver, julgar, agir* e *celebrar* a partir da realidade da Igreja do Brasil e da piedade da nossa gente.

Muitos personagens bíblicos, desde Abraão e Sara, também foram peregrinos da esperança, respondendo positivamente ao chamado de Deus. A missão evangelizadora da Família dos Devotos ganha especial destaque nesse caminho jubilar. Nós é que somos hoje chamados por Deus a viver a caridade.

Não nos esqueçamos: a verdadeira caridade vai além da mera solidariedade. Afinal, caridade significa fazer o bem em nome de Deus, em nome de Jesus Cristo. Queremos que você, querido devoto, seja nosso companheiro de todas as horas nesta bonita peregrinação rumo à esperança e ao bem comum, na alegria de construir um mundo mais justo e fraterno para todos.

O Ano Jubilar nos convida a viver a misericórdia infinita de Deus. Venha visitar Nossa Senhora e seu Santuário. A peregrinação que vamos fazer à Casa da Mãe Aparecida indica quem somos nós: somos pessoas a caminho e, enquanto estamos a caminho, descobrimos quem somos nós mesmos. Descobrimos que temos necessidade de Deus em cada passo da peregrinação da nossa vida.

Pe. Eduardo Catalfo, C.Ss.R.
Reitor do Santuário Nacional

Bênção do Santíssimo

(Cântico para a bênção)
1. Tão sublime Sacramento, adoremos neste altar, pois o Antigo Testamento deu ao novo seu lugar. Venha a fé por suplemento os sentidos completar!
2. Ao eterno Pai cantemos e a Jesus, o Salvador! Ao Espírito exaltemos, na Trindade eterno amor! Ao Deus uno e trino demos a alegria do louvor! Amém.

— Do céu lhes destes o Pão,
— **que contém todo o sabor.**
— **Oremos:** Senhor Jesus Cristo, neste admirável Sacramento nos deixastes o memorial de vossa paixão. Dai-nos venerar com tão grande amor o mistério de vosso Corpo e de vosso Sangue; que possamos colher continuamente os frutos da Redenção. Vós que sois Deus com o Pai, na unidade do Espírito Santo.
— Amém.

(O Celebrante mostra à Comunidade o Santíssimo Sacramento)
(Todos juntos:) – Deus nos abençoe e nos guarde! Que Ele nos ilumine com a luz de sua face e nos seja favorável! Que Ele nos mostre seu rosto e nos traga a paz! Que Ele nos dê a saúde do corpo e da alma!

(O Animador reza) Nosso Senhor Jesus Cristo esteja perto de vós para vos defender; esteja em vosso coração para vos conservar; que Ele seja vosso guia para vos conduzir; que vos acompanhe para vos guardar; olhe por vós e sobre vós derrame sua bênção! Ele, que vive com o Pai, na unidade do Espírito Santo.
— Amém.
(Segue-se a bênção com o Santíssimo)

Louvores a Deus

Bendito seja Deus!
Bendito seja seu santo nome!
Bendito seja Jesus Cristo, verdadeiro Deus e verdadeiro Homem!
Bendito seja o nome de Jesus!
Bendito seja seu sacratíssimo Coração!
Bendito seja seu preciosíssimo Sangue!
Bendito seja Jesus no Santíssimo Sacramento do altar!
Bendito seja o Espírito Santo Paráclito!
Bendita seja a grande Mãe de Deus, Maria Santíssima!
Bendita seja sua santa e imaculada Conceição!
Bendita seja sua gloriosa Assunção!
Bendito seja o nome de Maria, Virgem e Mãe!
Bendito seja São José, seu castíssimo esposo!
Bendito seja Deus em seus anjos e em seus santos!

Oração pela Igreja e pela pátria

— **Deus e Senhor nosso,**
— protegei vossa Igreja,/ dai-lhe santos pastores e dignos ministros./ Derramai vossas bênçãos/ sobre nosso santo Padre, o Papa,/ sobre nosso Arce(bispo),/ sobre nosso Pároco e sobre todo o clero;/ sobre o Chefe da Nação e do Estado/ e sobre todas as pessoas/ constituídas em dignidade,/ para que governem com justiça./ Dai ao povo brasileiro/ paz constante/ e prosperidade completa./ Favorecei,/ com os efeitos contínuos de vossa bondade,/ o Brasil,/ este Arcebispado,/ a Paróquia em que habitamos/ e a cada um de nós em particular,/ e a todas as pessoas/ por quem somos obrigados a orar/ ou que se recomendaram/ a nossas orações./ Tende misericórdia/ das almas dos fiéis/ que padecem no purgatório;/ dai-lhes, Senhor,/ o descanso e a luz eterna.

(Pai-nosso, Ave-Maria, Glória)
— Graças e louvores se deem, a cada momento,
— **ao santíssimo e diviníssimo Sacramento!**

Consagração a Nossa Senhora da Conceição Aparecida

Ó Maria Santíssima, pelos méritos de nosso Senhor Jesus Cristo, em vossa querida imagem de Aparecida, espalhais inúmeros benefícios sobre todo o Brasil.

Eu, embora indigno de pertencer ao número de vossos filhos e filhas, mas cheio do desejo de participar dos benefícios de vossa misericórdia, prostrado a vossos pés, consagro-vos o meu entendimento, para que sempre pense no amor que mereceis; consagro-vos a minha língua, para que sempre vos louve e propague a vossa devoção; consagro-vos o meu coração, para que, depois de Deus, vos ame sobre todas as coisas.

Recebei-me, ó Rainha incomparável, vós que o Cristo crucificado deu-nos por Mãe, no ditoso número de vossos filhos e filhas; acolhei-me debaixo de vossa proteção; socorrei-me em todas as minhas necessidades, espirituais e temporais, sobretudo na hora de minha morte.

Abençoai-me, ó celestial cooperadora, e, com vossa poderosa intercessão, fortalecei-me em minha fraqueza, a fim de que, servindo-vos fielmente nesta vida, possa louvar-vos, amar-vos e dar-vos graças no céu, por toda eternidade. Assim seja!

1º Dia

Mãe Aparecida, somos peregrinos da esperança!

1. Ritos iniciais

P.: Em nome do Pai † e do Filho e do Espírito Santo.
— **Amém.**
P.: Mãe Aparecida, somos peregrinos da esperança e, na alegria de filhos e filhas, iniciamos esta Novena em vosso louvor. Acolhei cada um de nós, fortalecei nossa fé e fazei-nos ser vossa Família para semear a esperança de nosso Deus em nossa vida.
— **De mãos dadas convosco, ó Mãe, e como povo do Senhor, queremos ser Peregrinos da Esperança!**
P.: Derramai vossa esperança no coração dos peregrinos, que, como Mãe, vós acolheis, e fazei-nos andar no caminho de Jesus todos os dias.
— **Ó Mãe, somos buscadores de Deus e convosco vamos encontrar a luz que nos guia ao encontro do Senhor. Amém.**

2. Acolhendo a Senhora Aparecida

(Entronização da Imagem da Senhora Aparecida – Incensação – Silêncio orante – Na sequência, reza-se e canta-se)
P.: Senhora Aparecida, somos peregrinos, caminhamos ao encontro da esperança, e vós caminhais conosco. Precisamos de vosso auxílio. Acolhei nosso clamor.

— Ó Senhora e Mãe dos Peregrinos,
Maria, clamamos a vós!
— sois Mãe da paz e da esperança.
— Guardai-nos na verdade de Cristo.
Lá no céu, rogai a Deus por nós!

— Ó Mãe, dai-nos hoje vosso amparo.
Maria, clamamos a vós!
— Socorrei vossos filhos sofredores
— e guiai-nos nos caminhos do Senhor.
Lá no céu, rogai a Deus por nós!

— Ó Virgem bendita e fiel,
Maria, clamamos a vós!
— fazei-nos transbordar de esperança,
— pois de Deus sois filha predileta.
Lá no céu, rogai a Deus por nós!

P.: Maria, fina flor de Israel, amparo sem medida dos peregrinos, na fé e na esperança, como peregrinastes com vosso Filho desde seu nascimento até o alto da cruz, dai-nos a força de que precisamos para também caminharmos com vosso e nosso Jesus.
— Vós sois a força da esperança e o alento de que precisamos. Amém.

3. Exemplo de peregrino da esperança

Abraão e Sara acreditaram na fidelidade de Deus, que prometia dar-lhes descendência e uma terra onde morar. Deixando suas famílias, sua pátria, em obediência a Deus, partiram "sem saber para onde ir". Na força da fé, ele idoso, "já marcado pela morte", e ela, "apesar da idade avançada", receberam, a partir de seu primogênito Isaac, "filhos tão numerosos como as estrelas do céu e os grãos de areia na praia do mar". Tudo se torna possível à fidelidade de Deus, quando ela vem unida a nossa fé confiante.

O grande patriarca Abraão é venerado como o pai da fé monoteísta das três grandes religiões: o judaísmo, o cristianismo e o islamismo. Possa sua memória servir de impulso para o respeito e a união fraterna entre judeus, cristãos e muçulmanos, como sinais de esperança para toda a humanidade (Hb 11,8-12).

4. A Palavra do Senhor
(Entrada da Palavra)

— Cântico à Palavra de Deus
— Anúncio – Em Cristo, a justiça e a graça – 1Pd 1,3-4;3,15
Primeira Carta de Pedro
³Bendito seja o Deus e Pai de nosso Senhor Jesus Cristo! Em sua grande misericórdia, ele nos regenerou por meio da ressurreição de Jesus dentre os mortos, ⁴para uma viva esperança, para uma herança que não perde valor, imaculada e imperecível, reservada nos céus para vós.
¹⁵Mas adorai o Cristo Senhor em vossos corações, prontos sempre para responder a quem vos perguntar a razão da esperança que vos anima.
— Palavra do Senhor!
— Graças a Deus!

(Mensagem de Esperança)

5. Prece Mariana

L.: Maria, se a beleza da aurora nos encanta e o entardecer nos conduz à meditação, muito mais tocante é vossa singeleza, simplicidade e santidade, que se revelam em vossa tão simples e bela imagem.

— Sois a Mãe da Esperança dos que buscam a vida, o pão e a paz.

L.: Sois a Mãe dos peregrinos e conosco caminhais, pois, onde estão vossos filhos, vós aí estais a ampará-los com vossas mãos benditas e vosso compassivo olhar.

— Unidos, vamos manter acesa a chama da vida para não faltar, nas mesas, o pão e, no coração, a paz e a esperança. Amém.

(Procissão da Caridade. Terminada a Procissão, o Presidente reza)

P.: Oremos: Ó Maria, Mãe da Esperança, guiai nossos passos com a luz de Cristo, e, peregrinos neste mundo, sejamos em cada dia mais fraternos e solidários, mais fiéis e comprometidos com o Reino.

— Sim, ó Mãe, com vossa inspiração é o que vamos fazer. Amém.

6. Caminhando com Ele

(Bênção de Jesus sacramentado)
(Entronização, Exposição e Adoração do Santíssimo — Diante do Santíssimo Sacramento, reza-se)

L.: Pão da vida eterna, sois o Caminho, a Verdade e Vida. Sois a paz de que precisamos.

— Vós sois nosso Caminho, nossa Verdade, nossa Vida.

L.: Pão da vida eterna, sois a força invencível do amor, que sustenta o peregrino, o pobre, o excluído.

— Vós sois nosso Caminho, nossa Verdade, nossa Vida.

L.: Senhor, somos felizes, pois sois o Pão da eternidade, que nos alimenta enquanto peregrinamos na terra.

— Vós sois nosso Caminho, nossa Verdade, nossa Vida.

L.: Senhor, sois a misericórdia sem-fim, que nos acolhe, alenta-nos e nos reergue para a vida.

— Vós sois nosso Caminho, nossa Verdade, nossa Vida.

L.: Senhor, sois Deus dos peregrinos, dos buscadores do amor do Pai, dos que anseiam por salvação.

— Vós sois nosso Caminho, nossa Verdade, nossa Vida. Amém.

Bênção do Santíssimo
(Cântico "Tão Sublime", p. 2)

7. Consagrados a Maria
(Consagração)

P.: Maria, vós caminhais conosco na alegre esperança de uma Igreja viva e de uma humanidade sempre a caminho, em busca de justiça e de paz, mesmo diante das muitas adversidades no mundo. Vós sois a Mãe da Esperança.

— Convosco, ó Maria, superamos os muros da divisão, da

descrença e separação. Para isso, nós nos consagramos a vós. Amém.

(Consagração a Nossa Senhora, p. 4)

— **Agradecimentos**

8. Oferta das Flores

P.: Senhora Aparecida, Mãe dos peregrinos, vós nos estendeis vossas mãos para nos ensinar que são benditas aquelas que carregam flores, que recusam armas e as calejadas dos trabalhadores que constroem a vida. Mãos benditas que oferecem flores são as que se solidarizam com o pobre e o sofredor, carregadas de amor, como a da mamãe, que afaga o filho doente, abraça e espalha ternura e afeto.

— **Como as mãos dos pescadores acolheram vossa imagem, que vossas mãos possam acolher nossas flores, nossa vida** e nossos desejos bons, ó Mãe bendita dos peregrinos. Amém.

9. Chamados à Missão

P.: A você, que hoje rezou, que a brisa leve do Espírito de Deus sopre sobre sua existência... A luz de Cristo brilhe suave em sua face... Que uma chuva de graças caia de mansinho em sua vida. E, até que nos encontremos de novo, que Deus guarde você na palma da mão e o abençoe rica e poderosamente, em tudo e sempre.

— **Amém. Assim seja.**

P.: A festa da vida, da esperança e da paz continua! Permaneçamos na paz de Jesus e na proteção da Senhora Aparecida, Mãe dos peregrinos da esperança.

— **Amém. Amém. Amém.**

(Homenagem do povo – Entrega das Flores)

2º Dia

Mãe Aparecida, conduzi-nos até a Porta Santa, que é Jesus!

1. Ritos iniciais
P.: Em nome do Pai † e do Filho e do Espírito Santo.
— **Amém.**
P.: Mãe incomparável, dádiva da eternidade, como Peregrinos da Esperança, precisamos renovar a luz de nossa fé em Jesus, Porta da redenção, da vida e da esperança
— **Como os discípulos de Emaús, buscamos Jesus, Porta aberta, Caminho, Verdade e Luz.**
P.: Vós caminhais conosco, por isso não nos deixamos vencer pela força da noite, das trevas, dos desvios, dos que desejam nos aprisionar na mediocridade.
— **Nossa Luz é Jesus, nosso Caminho, nossa Verdade, nossa Vida, agora e na eternidade. Amém.**

2. Acolhendo a Senhora Aparecida
(Entronização da Imagem da Senhora Aparecida – Incensação – Silêncio orante – Na sequência, reza-se e canta-se)
P.: Senhora Aparecida, fazei que as palavras de vosso Filho *"não se perturbe vosso coração"* criem raízes em nós, pois queremos entrar mais e mais por Ele, a Porta da vida, e ter os mesmos sentimentos dele.
— Ó Senhora e Mãe dos Peregrinos,
Maria, clamamos a vós!
— estendei sobre nós vosso olhar
— e guardai-nos na força da paz.
Lá no céu, rogai a Deus por nós!

— Ó Mãe e Senhora das Nações,
Maria, clamamos a vós!

— dos povos sois Mãe e Rainha
— e guiai-nos na verdade de Cristo.
Lá no céu, rogai a Deus por nós!

— Ó Mãe dos pequenos e humildes,
Maria, clamamos a vós!
— amparai-os no vosso amor maternal,
— e vivam na força da paz.
Lá no céu, rogai a Deus por nós!

P.: Maria, Mãe de misericórdia, caminhai conosco e levai-nos a descobrir vosso Filho Jesus, nossa única Porta da eternidade, da vida, do bem e da paz!
— **Caminhamos convosco, ó Maria, ao encontro de Jesus, nossa Porta eterna. Amém.**

3. Exemplo de peregrino da esperança

Maria era já pleno acolhimento de Deus, era "cheia de graça". Mas Deus, diante de tão grande e pronta disponibilidade, pediu-lhe mais: que, na força do Espírito Santo, acolhesse o humanamente impossível, fizesse-se mãe humana para seu eterno Filho, o Salvador prometido. Ela aceitou essa divina maternidade, indo além: imediatamente passou a seguir o Salvador, que se formava em seu ventre, e colocou-se apressadamente a serviço de sua prima Isabel.

Que Maria seja sempre nossa porta materna para Jesus, Ele que é a grande e única Porta santa para nossa Redenção! (Lc 1,26-45).

4. A Palavra do Senhor
(Entrada da Palavra)
— **Cântico à Palavra de Deus**
— **Anúncio – Jesus, porta das ovelhas – Jo 10,7-10**

Evangelho de Jesus Cristo segundo João

⁷Naquele tempo, Jesus disse: "Na verdade, na verdade, eu vos digo: Eu sou a porta das ovelhas. ⁸Todos os que vieram antes de mim eram ladrões e assaltantes, mas as ovelhas não os escutaram. ⁹Eu sou a porta: se alguém entrar por mim, será salvo; poderá entrar e sair e achará pastagens. ¹⁰O ladrão vem só para roubar, matar e destruir. Eu vim para que tenham a vida e a tenham em abundância". — Palavra da Salvação!
— **Glória a vós, Senhor!**

(Mensagem de Esperança)

5. Prece Mariana
L.: Maria, vós compreendestes o desígnio divino, desde o dia em que o próprio Deus vos anunciou que vos escolhia, dentre todos os povos e todas as nações, para ser a Mãe do Salvador prometido. Fostes para o Verbo a porta humana para sua encarnação em nós.
— **E vosso coração, tão humilde, simples e pleno de verdade, acolheu com generosidade o que veio de Deus.**

L.: Abristes, já naquele dia, as Portas da Salvação, por onde todos os povos, todas raças e línguas pudessem passar e beber para sempre na fonte da vida, e vos tornastes Porta de intercessão para todos nós.
— Unidos com Maria, em Cristo, passamos pela Porta, que é vida, e nos propomos ser também portas abertas de esperança para o próximo. Amém.

(Procissão da Caridade. Terminada a Procissão, o Presidente reza)

P.: Oremos: Ó Maria, como humanidade, fazemos a travessia, peregrinando entre o sol, a chuva e a ventania, em direção à plenitude da vida, Jesus, vosso Filho, o centro de nossa redenção, Porta sempre aberta da salvação.
— Sim, ó Mãe, Jesus é nossa Porta, nosso Caminho, nossa Verdade, nossa Vida, e com Ele vamos caminhar. Amém.

6. Caminhando com Ele
(Bênção de Jesus sacramentado)
(Entronização, Exposição e Adoração do Santíssimo — Diante do Santíssimo Sacramento, reza-se)
L.: Pássaros, ventos, chuvas, homens, mulheres e todas as criaturas, louvai o Senhor, o Deus da vida.
— Homens e mulheres construtores da vida, bendizei o Senhor, Porta de nossa Redenção.
L.: Transeuntes e peregrinos das ruas, praças e avenidas, louvai o Senhor, o Deus da vida.
— Homens e mulheres construtores da vida, bendizei o Senhor, Porta de nossa Redenção.
L.: Homens da alta sociedade que defendeis a vida e dizeis não às armas, louvai o Senhor, o Deus da vida.
— Homens e mulheres construtores da vida, bendizei o Senhor, Porta de nossa Redenção.
L.: Humildes e pequenos que, com mãos calejadas, varreis o chão para ganhar o pão, louvai o Senhor, o Deus da vida.
— Homens e mulheres construtores da vida, bendizei o Senhor, Porta de nossa Redenção.
L.: Povo peregrino, que vos reunis para escutar o Senhor e aprender de seu amor, louvai o Senhor, o Deus da vida.
— Homens e mulheres construtores da vida, bendizei o Senhor, Porta de nossa Redenção. Amém.

Bênção do Santíssimo
(Cântico "Tão Sublime", p. 2)

7. Consagrados a Maria
(Consagração)
P.: Maria, inspirai-nos, vossos filhos, a ser fermento, sal e luz no mundo e a deixar concórdia e a paz morarem entre nós e em nosso coração.
— Consagrados a vós, ó Maria, vamos alcançar a força da vida,

a paz e a esperança de um mundo irmão. Amém.

(Consagração a Nossa Senhora, p. 4)

— **Agradecimentos**

8. Oferta das Flores
P.: Senhora Aparecida, vosso Filho Jesus é o semeador de todas as flores da terra e da beleza do universo, é o caminheiro das galáxias, que se agrada de estar por perto dos pobres. Ele é o Deus da proximidade, o Deus Conosco, nascido de vós, ó Mãe bendita, Porta que se abre para acolher quem por Ele deseja passar. Seu coração é o altar de onde brotou a água da vida e inundou todo o universo de esperança e de confiança.

— **Acolhei nossas flores, pois sois o amparo dos que vos buscam com amor e gratidão. Amém.**

9. Chamados à Missão
P.: A você, que hoje rezou, que a brisa leve do Espírito de Deus sopre sobre sua existência... A luz de Cristo brilhe suave em sua face... Que uma chuva de graças caia de mansinho em sua vida. E, até que nos encontremos de novo, que Deus guarde você na palma da mão e o abençoe rica e poderosamente, em tudo e sempre.

— **Amém. Assim seja.**

P.: A festa da vida, da esperança e da paz continua! Permaneçamos na paz de Jesus e na proteção da Senhora Aparecida, Mãe dos peregrinos da esperança.

— **Amém. Amém. Amém.**

(Homenagem do povo – Entrega das Flores)

3º Dia

Mãe Aparecida, fazei-nos fiéis à fé em Jesus Cristo!

1. Ritos iniciais

P.: Em nome do Pai † e do Filho e do Espírito Santo.
— Amém.
P.: Ó Maria, que mistério indizível, que Amor sem-fim é o Filho que carregastes em vosso seio! E vós o entregastes para nossa salvação. Sois bendita, pois acreditastes nas maravilhas do Senhor e com ela vos alegrastes.
— **Bendito seja Jesus, nascido de vós, ó Maria, que fez resplandecer sua face divina sobre nossa humanidade.**
P.: Bendita esperança, que nasceu de novo entre nós, como a flor tenra e frágil das palmeiras, dos arbustos e da árvore altaneira, que enfrenta as tempestades da vida para frutificar. Bendita sois, Maria, que não tivestes receio de acreditar em tudo o que veio de Deus, porque sois a Peregrina da Esperança.
— **Bendito seja o Amor, que nasceu de vós, serva do Senhor, para nos salvar e nos dar a paz. Amém.**

2. Acolhendo a Senhora Aparecida

(Entronização da Imagem da Senhora Aparecida – Incensação – Silêncio orante – Na sequência, reza-se e canta-se)

P.: Senhora Aparecida, vosso Filho é nossa fé e esperança de vida e redenção. Mas vós sois também nossa Mãe, por isso, confiantes, suplicamos vosso auxílio, vossa presença e proteção.

— Ó Senhora e Mãe da Esperança, **Maria, clamamos a vós!**
— de Deus sois filha predileta
— e nos destes Jesus, o Salvador.
Lá no céu, rogai a Deus por nós!

— Ó Mãe que nos levais a Jesus,
Maria, clamamos a vós!
— guiai-nos na verdade do Reino.
— Aumentai nossa fé em vosso Filho.
Lá no céu, rogai a Deus por nós!

— Ó Virgem e Senhora nossa Mãe,
Maria, clamamos a vós!
— ajudai-nos no encontro com Jesus,
— e vivamos com fervor nossa fé.
Lá no céu, rogai a Deus por nós!

P.: Maria, em vós resplandeceu a aurora do novo dia, o dia da paz que esperamos renascer em muitos cantos e recantos do mundo. Bem sabemos, ó Senhora, que, somente em vosso Filho Jesus, podemos ver nascer de novo a concórdia, a fé, a alegria e a esperança.
— **Convosco, ó Maria, viveremos a fé em Jesus, unidos na Comunidade, partilhando a vida e os dons. Amém.**

3. Exemplo de peregrino da esperança

O apóstolo Paulo assim se avaliava: "quanto à lei, fariseu; quanto ao zelo, perseguidor da Igreja; quanto à justiça que a lei pode dar, um homem irrepreensível". Mas, quando se viu cego na presença ofuscante de Jesus, transtornou-se sua vida. Ele testemunhou: todas as religiosas vantagens sumiram "diante da grandeza de conhecer o Cristo Jesus, meu Senhor. Por ele eu aceitei perder tudo e tudo considero como lixo para que eu ganhe a Cristo e seja achado nele, não com uma justiça minha, vinda da Lei, mas sim com aquela que vem pela fé em Cristo: a retidão que Deus concede e é baseada na fé".

Como Paulo, precisamos aprender a perder para chegarmos ao verdadeiro conhecimento de Jesus, por cujo amor devemos nos manter unidos, acima de todas as vantagens e diferenças (Fl 3,4-9).

4. A Palavra do Senhor
(Entrada da Palavra)

— **Cântico à Palavra de Deus**
— **Anúncio – Jesus e Maria**
– **Jo 19,25-27**

Evangelho de Jesus Cristo segundo João

^{25}Junto à cruz de Jesus estavam de pé sua mãe, a irmã de sua mãe, Maria, mulher de Cléofas, e Maria Madalena. ^{26}Jesus, vendo sua mãe e, perto dela o discípulo que amava, disse a sua mãe: "Mulher, eis aí teu filho". ^{27}Depois disse ao discípulo: "Eis aí tua mãe". E, desta hora em diante, o discípulo acolheu-a em sua casa.
— **Palavra da Salvação!**
— **Glória a vós, Senhor!**

(Mensagem de Esperança)

5. Prece Mariana

L.: Maria, sois a Casa de Deus, a criatura mais humana que já existiu, pois o Senhor encontrou o espaço precioso e necessário em vossa vida. Vós, que contemplais o Deus da vida, fazei-nos também contempladores da esperança de paz, de concórdia e harmonia, em um mundo dilacerado e dividido.

— **Jesus, nosso Redentor, sois a Porta da vida e de nossa redenção.**

L.: Olhando para Maria, nós nos sentimos atraídos pela sabedoria divina, que desperta nosso coração, para que ele seja acolhedor, servidor, solidário e cheio de compaixão.

— **Jesus, nosso Redentor, fazei-nos solidários com os sofredores e aumentai nossa fé. Amém.**

(Procissão da Caridade. Terminada a Procissão, o Presidente reza)

P.: Oremos: Maria, contemplando vosso Filho, nasce em nós o desejo sincero de acolhê-lo e servi-lo nos irmãos. Há soberbos em seus tronos podres, que não veem a singeleza do servir nem a alegria do amar na gratuidade. Despertai nossa consciência para o compromisso com vosso Reino.

— **Sim, ó Mãe, vivendo em comunhão, faremos um mundo mais irmão. Amém.**

6. Caminhando com Ele

(Bênção de Jesus sacramentado)
(Entronização, Exposição e Adoração do Santíssimo — Diante do Santíssimo Sacramento, reza-se)

L.: Ó Fonte inesgotável de amor e redenção, fazei-nos transbordantes de misericórdia e de compaixão.

— **Ó Porta da eternidade, da esperança, da vida e da redenção, ouvi-nos!**

L.: Ó água viva, fonte de salvação, que penetrais todos os vales, todas as estradas e todos os rincões, sois nossa libertação.

— **Ó Porta da eternidade, da esperança, da vida e da redenção, ouvi-nos!**

L.: Ó Coração, que pulsais mais forte que a vida, mais forte que a morte, quem pode resistir a tão grande amor?

— **Ó Porta da eternidade, da esperança, da vida e da redenção, ouvi-nos!**

L.: Ó Cristo, nosso Senhor, Porta sempre aberta da salvação, a vós nosso louvor, hoje e sempre e pelos séculos sem-fim.

— **Ó Porta da eternidade, da esperança, da vida e da redenção, ouvi-nos! Amém.**

Bênção do Santíssimo
(Cântico "Tão Sublime", p. 2)

7. Consagrados a Maria
(Consagração)

P.: Maria, vosso sim resoluto e incondicional fez a história do

amor, do Belo Amor, acontecer no meio de nós. Vosso sim foi como a brisa suave a tocar nossa frágil história humana, trazendo-nos o alento da esperança de um mundo sem dor e cheio de amor.
— **Consagrados a vós, ó Maria, teremos a força necessária em cada dia para testemunhar Jesus. Amém.**

(Consagração a Nossa Senhora, p. 4)

— **Agradecimentos**

8. Oferta das Flores
P.: Maria, vós fostes elogiada por vossa prima Isabel porque acreditastes. Nós também vamos acreditar como vós acreditastes. Em cada flor, brote a esperança, nas ruas e praças, no alto dos prédios e nos recantos das favelas! Brotem, em cada coração humano, a harmonia do canto, a sinfonia da paz e da alegria. Nossas mãos oferecem flores porque dizemos não à tristeza das guerras e das armas, do ódio e da vingança, da injustiça e da corrupção.
— **Recebei, Senhora, nossas flores, sinais de nosso amor por vós, de nossa fé em vosso e nosso Jesus! Amém.**

9. Chamados à Missão
P.: A você, que hoje rezou, que a brisa leve do Espírito de Deus sopre sobre sua existência... A luz de Cristo brilhe suave em sua face... Que uma chuva de graças caia de mansinho em sua vida. E, até que nos encontremos de novo, que Deus guarde você na palma da mão e o abençoe rica e poderosamente, em tudo e sempre.
— **Amém. Assim seja.**
P.: A festa da vida, da esperança e da paz continua! Permaneçamos na paz de Jesus e na proteção da Senhora Aparecida, Mãe dos peregrinos da esperança.
— **Amém. Amém. Amém.**

(Homenagem do povo – Entrega das Flores)

4º Dia

Mãe Aparecida, na caridade está nossa esperança!

1. Ritos iniciais
P.: Em nome do Pai † e do Filho e do Espírito Santo.
—**Amém.**
P.: Ó Mãe, que sois a luz na noite escura do desamor, fazei resplandecer entre nós a luz de Jesus, amor que ao céu conduz.
—**Bendito seja Deus, que fez brilhar sua face sobre toda a humanidade e nos fez Peregrinos da Esperança.**
P.: Mãe querida, na caridade está nossa esperança. Fazei-nos alcançar o amor, que é tudo em nossa vida, pois, onde ele é vivido, Deus aí está.
—**Bendito seja o Amor, que nasceu de vós, a serva do Senhor. Amém.**

2. Acolhendo a Senhora Aparecida
(Entronização da Imagem da Senhora Aparecida – Incensação – Silêncio orante – Na sequência, reza-se e canta-se)

P.: Senhora Aparecida, vinde depressa a nosso encontro, vinde nos trazer o amor, a vida divina. Vinde com vosso Filho para nos salvar. Confiantes em vossa intercessão, elevamos o coração na esperança de alcançar a vida, o amor e a redenção.

—Ó Senhora e Mãe dos Peregrinos,
Maria, clamamos a vós!
—amparai e protegei os doentes,
—do trono arrancai os orgulhosos.
Lá no céu, rogai a Deus por nós!

—Ó força e bondade divinas,
Maria, clamamos a vós!
—dai vida aos pobres e excluídos,
—libertai os que estão oprimidos.
Lá no céu, rogai a Deus por nós!

— Ó Virgem e Senhora da Esperança,
Maria, clamamos a vós!
— ajudai-nos a assumir nosso Batismo
— para sermos testemunhas do Reino.
Lá no céu, rogai a Deus por nós!

P.: Maria, o Reino de vosso Filho será sempre carregado de surpresas, de novas esperanças, até que sejamos banhados nas águas de seu amor. Confirmai-nos na força da caridade e da esperança.
— **Vós caminhais conosco, ó Maria, fazendo de Cristo nossa fonte de vida em cada dia. Amém.**

3. Exemplo de peregrino da esperança

Jesus realça a divina grandeza da viúva que não ofertava a Deus "aquilo que lhe sobrava", mas "tudo quanto tinha para viver". Um dia, Deus enviou Elias a uma viúva também pobre para que o sustentasse naquele tempo de muita fome. Era pagã, mas, na divina grandeza de coração, ao ouvir pedido de Elias, serviu-lhe água para beber. O profeta faminto suplicou-lhe também "um pedaço de pão". Ela confessou sua indigência: não ter "pão cozido", só "um punhado de farinha" e "um pouco de azeite", que iria preparar para ela e o filho; depois esperariam a morte.

Ainda assim acreditou na palavra do profeta: preparou primeiro para ele um pãozinho, depois para ela e o filho, pois Javé garantiu que nem a farinha nem o azeite faltariam até a volta da chuva e das colheitas. Na confiança, ela cresceu na fé: "Agora reconheço que és um homem de Deus e que de fato Javé fala por tua boca!" Deus nos desafia, espera só a fé confiante, para olhar nossa pequenez e em nós fazer grandes coisas!

Imitemos a viúva de Sarepta, na generosidade da partilha até do necessário, e teremos certeza de sermos chamados de "Benditos de meu Pai", pelo próprio Jesus (1Rs 17,7-16).

4. A Palavra do Senhor
(Entrada da Palavra)

— **Cântico à Palavra de Deus**
— **Anúncio** - **Nossa escolha** - **Mt 25,31-40**

Evangelho de Jesus Cristo, segundo Mateus

³¹Quando o Filho do homem voltar em sua glória, acompanhado de todos os seus anjos, irá sentar-se em seu trono glorioso. ³²Todas as nações se reunirão diante dele, e ele separará as pessoas umas das outras, como o pastor separa as ovelhas dos cabritos. ³³Porá as ovelhas a sua direita e os cabritos a sua esquerda. ³⁴Então o rei dirá aos que estiverem à

direita: "Vinde, benditos de meu Pai, recebei em herança o reino que vos está preparado desde a criação do mundo. ³⁵Pois eu estive com fome e me destes de comer, estive com sede e me destes de beber, fui estrangeiro e me acolhestes, ³⁶estive nu e me vestistes, fiquei doente e me visitastes, estive na prisão e me fostes ver". ³⁷Os justos então lhe perguntarão: "Mas, Senhor, quando foi que te vimos com fome e te demos de comer, com sede e te demos de beber, ³⁸estrangeiro e te acolhemos, ou nu e te vestimos, ³⁹doente ou na prisão e te fomos visitar?" ⁴⁰Aí o rei responderá: "Na verdade vos digo: toda vez que fizestes isso a um desses mais pequenos dentre meus irmãos foi a mim que o fizestes!"
— Palavra da Salvação!
— **Glória a vós, Senhor!**

(Mensagem de Esperança)

5. Prece Mariana
L.: Maria, como foi belo e importante aquele dia, em que Jesus nos disse que Ele era a porta e que quem por Ele passasse seria salvo e encontraria pastagens verdejantes.
— **Nossa esperança, ó Maria, é que um dia o amor, como os raios de sol, penetre a existência de toda a humanidade.**
L.: Maria, a Porta, que é Jesus, abre-nos os olhos e o coração para vivermos em comunhão, enraizados na caridade, para alcançarmos a unidade e a esperança de um mundo sem violência ou opressão.
— **Amém.**

(Procissão da Caridade. Terminada a Procissão, o Presidente reza)

P.: Oremos: Ó Maria, não nos deixeis ouvir ou saborear só o que nos interessa, que nos atrofia e nos isola em um mundo egoísta e tão pequeno. Abrindo-nos aos irmãos e a suas necessidades, viveremos, já na terra, a vida plena dos céus.
— **Sim, ó Mãe, Jesus nos faz olhar nosso coração, para ver se nele já mora seu amor sem-fim. Amém.**

6. Caminhando com Ele
(Bênção de Jesus sacramentado)
(Entronização, Exposição e Adoração do Santíssimo — Diante do Santíssimo Sacramento, reza-se)
L.: Bem-aventurados os que amam as estrelas e estendem as mãos aos que passam fome para partilhar o pão.
— **Bendito seja o Senhor, que nos ensinou a amar e servir.**
L.: Bem-aventurados os que sobem as montanhas mais altas e não se esquecem dos que estão nas periferias.
— **Bendito seja o Senhor, que nos ensinou a amar e servir.**
L.: Bem-aventurados os que descem ao povo e não têm medo de se fazerem irmãos.

— **Bendito seja o Senhor, que nos ensinou a amar e servir.**
L.: Bem-aventurados os que tudo fazem do jeito do Evangelho, pois alcançarão a misericórdia, a paz, a salvação.
— **Bendito seja o Senhor, que nos ensinou a amar e servir. Amém.**

Bênção do Santíssimo
(Cântico "Tão Sublime", p. 2)

7. Consagrados a Maria
(Consagração)
P.: Maria, vós nos ensinastes que não pode ser medido o que se passa no coração de Deus. Ele vos escolheu por sua própria decisão. Fazei-nos andar no caminho da humildade e do amor, onde está nossa esperança.
— **Vossa mão bendita nos sustente para que tenhamos coragem de romper as barreiras do desamor. Amém.**

(Consagração a Nossa Senhora, p. 4)

— **Agradecimentos**

8. Oferta das Flores
P.: Senhora Aparecida, feliz o jardineiro que confiante plantou a rosa e embelezou a criação! Deus, com cuja beleza nada se compara, deu-vos embelezar o mundo inteiro com vosso Belo Amor, Jesus. Felizes somos nós que, nas flores que trazemos, queremos carregar o amor e a beleza da criação inteira.
— **Nestas flores, nossa gratidão a vós, e, com vossa ajuda, agradecemos a Deus, o doador de todo o bem. Amém.**

9. Chamados à Missão
P.: A você, que hoje rezou, que a brisa leve do Espírito de Deus sopre sobre sua existência... A luz de Cristo brilhe suave em sua face... Que uma chuva de graças caia de mansinho em sua vida. E, até que nos encontremos de novo, que Deus guarde você na palma da mão e o abençoe rica e poderosamente, em tudo e sempre.
— **Amém. Assim seja.**
P.: A festa da vida, da esperança e da paz continua! Permaneçamos na paz de Jesus e na proteção da Senhora Aparecida, Mãe dos peregrinos da esperança.
— **Amém. Amém. Amém.**

(Homenagem do povo – Entrega das Flores)

5º Dia

Mãe Aparecida, fazei-nos peregrinos da reconciliação e do perdão!

1. Ritos iniciais
P.: Em nome do Pai † e do Filho e do Espírito Santo.
— **Amém.**
P.: Mãe Aparecida, de olhar sereno e mãos justapostas, que nos contemplais e orais por nós, abri nosso coração para acolher e viver sem medo nem condição o ensinamento de Jesus, nosso Deus e Senhor.
— **Ajudai-nos a ser Peregrinos da Esperança de Reconciliação e de Perdão!**
P.: Senhora e Mãe amada, dai-nos ver, com vossos olhos, os acontecimentos. Andam a dizer que, para ser feliz, é preciso possuir, ter poder, glórias e distinção.
— **Vós, que nada tivestes, por isso fostes morar na casa de João, dai-nos um coração mais livre e sereno. Amém.**

2. Acolhendo a Senhora Aparecida
(Entronização da Imagem da Senhora Aparecida – Incensação – Silêncio orante – Na sequência, reza-se e canta-se)

P.: Senhora Aparecida, reconciliados e unidos pela fé na construção da história, sentimos que o amor é como uma flor: desarma canhões, liberta soberbos, exalta humildes e vence barreiras, construídas no desamor. Escutai, ó Mãe, nosso clamor.

— Ó Senhora e Mãe dos Peregrinos,
Maria, clamamos a vós!
— fazei-nos missionários do Reino
— e um povo de paz reconciliado.
Lá no céu, rogai a Deus por nós!

— Ó Mãe de olhar tão nobre e sereno,
Maria, clamamos a vós!
— protegei os pobres e os pequenos,
— livrai-nos da ganância e opressão.
Lá no céu, rogai a Deus por nós!

— Ó Senhora tão bela e tão santa,
Maria, clamamos a vós!
— confirmai-nos na força da união
— e não haja entre nós a divisão.
Lá no céu, rogai a Deus por nós!

P.: Maria, Mãe bendita, guiai nossos passos na força do amor de Jesus: amor sem igual, sem medida nem condições, que nos trouxe a paz, a reconciliação e o perdão.
— **Vós sois a Mãe de misericórdia, a quem confiamos nossa vida, nossos passos e o coração. Amém.**

3. Exemplo de peregrino da esperança

O fariseu Simão acolhe Jesus para um almoço. Uma mulher pecadora, com um vaso de alabastro, cheio de perfume, põe-se atrás dele e, chorando, lava-lhe os pés com as lágrimas, enxuga-os com os cabelos, beija-os e unge-os com o perfume. No íntimo, Simão condena: "Se este homem fosse profeta, saberia quem é a mulher que o toca e a condição dela, uma pecadora".

Cristo lê o mais profundo: Simão lhe oferece um almoço. A mulher lhe dá tudo, o coração! Lava os pés com lágrimas; enxuga-os com os cabelos; não lhe beija a face, mas os pés; não lhe unge a cabeça com óleo, mas os pés com perfume. "Por isso seus numerosos pecados lhe são perdoados porque ela tem muito amor. Mas aquele a quem pouco se perdoa pouco ama." O amor do arrependimento escancara para nós o coração misericordioso de Deus!

Que o exemplo dessa mulher nos leve a superar nossos pecados por meio de nossos atos de amor, que valem muito mais do que os sentimentos de culpa. A quem muito ama Jesus muito mais perdoa (Lc 7,36-50).

4. A Palavra do Senhor
(Entrada da Palavra)

— **Cântico à Palavra de Deus**
— **Anúncio** – **O fariseu e o publicano – Lc 18,9-14**

Evangelho de Jesus Cristo segundo Lucas

Jesus [9] disse a seguinte parábola a alguns que estavam convencidos de serem justos e desprezavam os outros: [10] "Subiram dois homens ao templo para rezar: um era fariseu e o outro, publicano. [11] O fariseu, de pé, assim rezava em seu coração: 'Meu Deus, eu vos dou graças por não ser como os outros homens, que são ladrões, desonestos, adúlteros; nem como este publicano.

¹²Jejuo duas vezes por semana e pago o dízimo de tudo que adquiro'. ¹³O publicano, mantendo-se ao longe, nem tinha coragem de levantar os olhos para o céu, mas batia no peito, dizendo: 'Meu Deus, tem piedade de mim, que sou pecador!' ¹⁴Eu vos digo que este desceu para casa justificado, ao contrário do outro. Porque todo aquele que se eleva será humilhado, mas o que se humilha será elevado".
— Palavra da Salvação!
— **Glória a vós, Senhor!**

(Mensagem de Esperança)

5. Prece Mariana
L.: Maria, a Palavra de Jesus vem nos alertar para que o orgulho, a vaidade e a ilusão não tenham lugar em nosso coração, pois o desejo do Pai é ver seu povo reconciliado, sem a ilusão da ganância, do poder, da dominação.
— **Despertai em nós, ó Mãe, a força da reconciliação, que nos traz vida nova e salvação.**
L.: Bendita porta do perdão e da reconciliação, que nos trazeis Jesus e com Ele a vida em abundância,
— **é na força do amor reconciliador que vamos caminhar unidos. Assim nenhuma sedução há de nos tirar do caminho da redenção. Amém.**

(Procissão da Caridade. Terminada a Procissão, o Presidente reza)

P.: Oremos: Ó Maria, Mãe da humanidade, vós quereis todos os vossos filhos reconciliados e solidários, a construir o divino mundo da justiça e da paz. Ponde em nosso peito um coração de carne, como o de vosso Filho Jesus.
— **Sim, ó Maria, com Jesus, vamos construir, em cada dia, o Reino da paz e um mundo reconciliado. Amém.**

6. Caminhando com Ele
(Bênção de Jesus sacramentado)
(Entronização, Exposição e Adoração do Santíssimo — Diante do Santíssimo Sacramento, reza-se)

L.: Ó tão nobre e incomparável perdão, que nos configurais convosco, que nos reconciliais com o Pai e com os irmãos,
— **sois o Deus-amor, sempre a nos acolher.**
L.: Ó reconciliação, que nos unis a vós e ao Pai, em quem há paz e compaixão,
— **sois o Deus-amor, sempre a nos acolher.**
L.: Ó tesouro escondido, portador do amor, que restaura e traz a comunhão de irmãos, fazei-nos um povo de reconciliados.
— **Sois o Deus-amor, sempre a nos acolher.**
L.: Senhor, vosso perdão nos faça encontrar um novo caminho, tão pleno de luz, onde não haja mais espinhos nem divisão.
— **Sois o Deus-amor, sempre a nos acolher.**

Bênção do Santíssimo
(Cântico "Tão Sublime", p. 2)

7. Consagrados a Maria
(Consagração)
P.: Ó Maria, sois o amparo que não podemos dispensar: Deus nos reconciliou consigo e nos confiou o ministério da reconciliação. Fazei-nos sentir tão reconciliados de modo que levemos a todos essa paz, que enche o coração humano.

— Maria, nós nos consagramos a vós, consagrai-nos a Deus e ao mundo, tão necessitado de reconciliação. Amém.

(Consagração a Nossa Senhora, p. 4)

— Agradecimentos

8. Oferta das Flores
P.: Senhora Aparecida, o manso regato distribui vida às colinas e aos vales que, pelas mãos calejadas do homem, oferecem pão para a fome dos irmãos. Vós nos ofereceis o que tendes de melhor, vosso Filho, nosso Salvador.

— Nestas flores, aceitai nossa vida, a ser gasta por um mundo reconciliado na divina força do perdão. Amém.

9. Chamados à Missão
P.: A você, que hoje rezou, que a brisa leve do Espírito de Deus sopre sobre sua existência... A luz de Cristo brilhe suave em sua face... Que uma chuva de graças caia de mansinho em sua vida. E, até que nos encontremos de novo, que Deus guarde você na palma da mão e o abençoe rica e poderosamente, em tudo e sempre.

— Amém. Assim seja.

P.: A festa da vida, da esperança e da paz continua! Permaneçamos na paz de Jesus e na proteção da Senhora Aparecida, Mãe dos peregrinos da esperança.

— Amém. Amém. Amém.

6º Dia

Mãe Aparecida, fazei-nos peregrinos-portadores da justiça e da paz!

1. Ritos iniciais
P.: Em nome do Pai † e do Filho e do Espírito Santo.
— **Amém.**
P.: Mãe Aparecida, depois de vosso Filho Jesus, como nenhuma outra criatura, sois a peregrina-portadora da esperança. Fazei-nos promotores da vida, da paz e da justiça.
— **Caminhamos convosco, ó Maria, como Peregrinos da Esperança, e por vós encontramos a vida, Jesus.**
P.: Tocai no coração de nossa gente, de nossos líderes, para que, em todos os segmentos humanos, domine a justiça a gerar a paz e a concórdia.
— **Reine entre nós, do nascente ao poente, a força da vida, da justiça, da harmonia e da paz! Amém.**

2. Acolhendo a Senhora Aparecida
(Entronização da Imagem da Senhora Aparecida – Incensação – Silêncio orante – Na sequência, reza-se e canta-se)
P.: Senhora Aparecida, vivemos entre o tempo e a eternidade, entre a luz e a vida, entre a paz e a esperança. Como a criança que dorme em paz no colo de sua mãe, depositamos em vós nosso desejo de ver o mundo, um dia, bem do jeito de Jesus, vosso Filho. Escutai nosso canto, nosso clamor.

— Ó Senhora e Mãe dos Peregrinos,
Maria, clamamos a vós!
— de Deus sois a bela criatura,
— bendita entre todas as mulheres.
Lá no céu, rogai a Deus por nós!

— Ó Mãe, fortalecei-nos na esperança
Maria, clamamos a vós!
— de ver a justiça vitoriosa
— e os pobres com vida em abundância.
Lá no céu, rogai a Deus por nós!

— Ó Virgem dos pobres redimidos,
Maria, clamamos a vós!
— protegei os doentes e aflitos,
— a todos concedei a paz do céu.
Lá no céu, rogai a Deus por nós!

P.: Maria, que nos escutais, porque sois Mãe e nos amais, sede nossos olhos para aprendermos a contemplar a grandeza da vida e a verdade de Cristo.
— **Fortes na fé e alegres na esperança, veremos um dia a justiça e a paz reinarem jubilosas entre nós. Amém.**

3. Exemplo de peregrino da esperança

Voltemos, até o ano 700 antes de Cristo, e demos voz a nosso irmão, o profeta Miqueias!

"Ó homem, foi-te ensinado o que é bom, o que Javé requer de ti: apenas praticar a justiça, amar a misericórdia e caminhar humildemente com teu Deus.

A voz de Javé grita à cidade – e quem é sábio teme seu Nome. Escutai, tribos e assembleia da cidade: há ainda na casa do ímpio tesouros injustamente adquiridos e medidas diminuídas, coisa detestável? Poderei eu declarar justo quem usa balanças falsas e bolsa de pesos alterados? Os ricos da cidade estão cheios de violência e seus habitantes falam mentiras; sua língua não é mais que engano em sua boca."

No cuidado pelos mais feridos da sociedade, Deus espera nossa resposta a seu amor sempre previdente por nós!

Que o Espírito do Senhor encha nosso coração de justiça, de misericórdia e de humildade, para que sejamos realmente pessoas boas diante de Deus (Mq 6,8-12).

4. A Palavra do Senhor
(Entrada da Palavra)

— **Cântico à Palavra de Deus**
— **Anúncio – O risco de uma liturgia hipócrita – Is 1,10-11.15-19**

Livro do profeta Isaías

[10]Ouvi a palavra de Javé, chefes de Sodoma; escutai a exortação de nosso Deus, povo de Gomorra! [11]"De que me servem vossos muitos sacrifícios?" – diz Javé. Estou farto dos holocaustos de carneiros e da gordura de animais cevados; não me agrada o sangue de novilhos, nem de cordeiros, nem de bodes. [15]Por isso, quando estendeis as mãos, afasto de vós meu olhar. Ainda que multipliqueis as orações, não vou ouvi-las. Vossas mãos estão cheias de sangue. [16]Lavai-vos, purificai-vos; tirai da frente

de meus olhos a maldade de vossos atos.

Cessai de fazer o mal, [17] aprendei a fazer o bem; procurai o que é justo; socorrei o oprimido, fazei justiça ao órfão, defendei a causa da viúva. [18] Vinde então e discutamos", diz Javé.

"Se vossos pecados são como escarlate, tornar-se-ão brancos como neve. Se são vermelhos como púrpura, como lã vão se tornar. [19] Se estais dispostos a obedecer, comereis os melhores frutos desta terra".
— Palavra do Senhor!
— **Graças a Deus!**

(Mensagem de Esperança)

5. Prece Mariana

L.: Maria, o mundo que temos tem a marca de nossos corações e nossas atitudes: se é injusto, sem paz, é porque nossa maldade o fez assim. A sociedade-paraíso de Deus só pode nascer de corações convertidos, que se lançam nas asas da esperança, indo ao encontro do dia da paz, que tanto desejamos.
— **Mãe querida, dai-nos coragem de permitir que Deus arranque de nosso peito o coração de pedra e o substitua por um coração de carne!**
L.: Nas águas do rio Paraíba do Sul, fostes encontrada por meio de uma rede lançada, mostrando-nos que sois obediente ao Senhor, desde Nazaré até nossos dias. Maria, vós nos ensinais: quando o nome de Deus e o projeto do Reino são levados a sério, é possível a abundância da vida para todos.
— **Vinde, Maria, vinde, vinde nos ajudar, neste caminhar tão difícil rumo ao Pai. Amém.**

(Procissão da Caridade. Terminada a Procissão, o Presidente reza)

P.: Oremos: Como uma Carta de Amor, ó Maria, é a Palavra de Deus, que deve estar escrita em nosso coração e não precisa de agenda para ser cumprida. Ensinai-nos a guardá-la no coração, meditá-la e transformá-la em atitudes divinas, que constroem o Reino da justiça e da paz.
— **A "terra sem males", ó Maria, vamos alcançar um dia, pois somos peregrinos da esperança. Amém.**

6. Caminhando com Ele

(Bênção de Jesus sacramentado)
(Entronização, Exposição e Adoração do Santíssimo — Diante do Santíssimo Sacramento, reza-se)

L.: Do altar nos vêm a vida, a abundância do amor e a salvação. Feliz quem dele se aproxima.
— **Ao Senhor, nosso Salvador, louvor, honra e glória, pelos séculos sem-fim.**
L.: Do altar nos vêm a misericórdia, a paz, a justiça e a força da

missão. Feliz quem a ele estende a mão.
— **Ao Senhor, nosso Salvador, louvor, honra e glória, pelos séculos sem-fim.**
L.: Do altar nos vêm a bondade, a concórdia e a solidariedade, que nos aproximam como irmãos. Feliz quem vive em comunhão.
— **Ao Senhor, nosso Salvador, louvor, honra e glória, pelos séculos sem-fim.**
L.: Do altar recebemos o próprio Jesus, pois, sem esse alimento, quem poderá sobreviver? Feliz quem está em comunhão com Ele e com os irmãos.
— **Ao Senhor, nosso Salvador, louvor, honra e glória, pelos séculos sem-fim. Amém.**

Bênção do Santíssimo
(Cântico "Tão Sublime", p. 2)

7. Consagrados a Maria
(Consagração)
P.: São incontáveis, ó Maria, as mãos que se unem em oração. Do trabalho de nossas mãos, nascem as obras para o bem e para o sustento da vida. Ajudai-nos, ó Mãe, a manter nossa esperança de conquistar a justiça e a paz e a jamais ter em vão o trabalho de nossas mãos!
— **Nós nos consagramos a vós, ó Maria, para que nossa vida seja prece, seja justiça, seja paz. Amém.**

(Consagração a Nossa Senhora, p. 4)

— **Agradecimentos**

8. Oferta das Flores
P.: Senhora Aparecida, trazemos nas mãos a força da esperança de ver um dia o mundo florido, belo e contagiante, como um jardim. Vós, que socorrestes os noivos em Caná da Galileia e fostes ao encontro da necessitada Isabel, inspirai nossos pensamentos e nossas atitudes, para que sejam nobres e edifiquem a vida.
— **Mãe da justiça e da paz, com nossas flores, aceitai nosso coração, que se converte ao Senhor e a seu Reino. Amém.**

9. Chamados à Missão
P.: A você, que hoje rezou, que a brisa leve do Espírito de Deus sopre sobre sua existência... A luz de Cristo brilhe suave em sua face... Que uma chuva de graças caia de mansinho em sua vida. E, até que nos encontremos de novo, que Deus guarde você na palma da mão e o abençoe rica e poderosamente, em tudo e sempre.
— **Amém. Assim seja.**
P.: A festa da vida, da esperança e da paz continua! Permaneçamos na paz de Jesus e na proteção da Senhora Aparecida, Mãe dos peregrinos da esperança.
— **Amém. Amém. Amém.**

(Homenagem do povo – Entrega das Flores)

7º Dia

Mãe Aparecida, somos peregrinos-cuidadores da natureza!

1. Ritos iniciais
P.: Em nome do Pai † e do Filho e do Espírito Santo.
— **Amém.**
P.: Mãe e Senhora nossa, o mesmo Espírito Santo, que vos cobriu com sua sombra, faça ressoar seu mesmo sopro divino no coração da humanidade.
— **Somos Peregrinos da Esperança, em luta pela vida humana e pela vida da natureza.**
P.: Nossa Casa Comum foi feita pelo Senhor, é obra de suas mãos, e o Espírito, que é vida em abundância, fecundou cada criatura nascida das mãos e do coração do Criador.
— **Benditos sejam os homens e as mulheres que sabem respeitar e cuidar do que nasceu das mãos de Deus. Amém.**

2. Acolhendo a Senhora Aparecida
(Entronização da Imagem da Senhora Aparecida – Incensação – Silêncio orante – Na sequência, reza-se e canta-se)

P.: Senhora Aparecida, em nossa Casa Comum, vós estais presente, pois sois a Mãe da humanidade, a Senhora das criaturas. Tomai em vossas mãos nossa súplica e levai-a ao coração de vosso Filho! Assim alcançaremos a vida de que tanto precisamos.

— Ó Senhora e Mãe dos Peregrinos,
Maria, clamamos a vós!
— sois a fonte materna de amor,
— ajudai-nos a amar a natureza.
Lá no céu, rogai a Deus por nós!

— Ó Virgem tão santa e tão bela,
Maria, clamamos a vós!
— tocai na consciência dos cristãos,
— no cuidado da Casa Comum.
Lá no céu, rogai a Deus por nós!

— Ó Virgem dos povos e das nações,
Maria, clamamos a vós!
— a natureza é dom sagrado,
— ajudai-nos a amá-la e conservá-la.
Lá no céu, rogai a Deus por nós!

P.: Maria, a natureza tão pródiga e rica de beleza e de bens vitais não pode ser destruída pela ganância desenfreada dos egoístas. Ela é mãe que acolhe seus filhos e os afaga. Nascida das mãos de Deus, dá a eles viver na abundância da vida.
— **Mãe, dai-nos coragem de impedir que se destrua o que nasceu das mãos de Deus. Amém.**

3. Exemplo de peregrino da esperança

O profeta Isaías tem um sonho, tão enraizado no coração, na fé e na esperança, que o vê nos lábios e no coração do próprio Deus:

"Eis que vou criar novos céus e nova terra; não se recordará mais o passado, não virá mais à mente.

Alegrai-vos, porém, e exultai para sempre por aquilo que estou para criar, pois farei de Jerusalém uma exultação e de seu povo, uma alegria.

Eu exultarei em Jerusalém e me alegrarei em meu povo. Não se ouvirão mais nela vozes de pranto nem gritos de angústia.

Não haverá mais criança que viva só poucos dias nem velho que não chegue à plenitude de seus dias, porque será jovem quem morrer aos cem anos, e quem não chegar aos cem anos será considerado maldito.

Construirão casas e nelas habitarão, plantarão vinhas e comerão seus frutos.

Não mais construirão para que um outro more, nem plantarão para que um outro coma; porque como a idade da árvore será a idade de meu povo. Meus eleitos usarão por longo tempo os produtos de suas mãos".

A voz de Isaías se faz cada dia mais urgente para a humanidade, a fim de que haja real esperança de vida aos peregrinos da nossa e das futuras gerações (Is 65,17-22).

4. A Palavra do Senhor
(Entrada da Palavra)

— **Cântico à Palavra de Deus**
— **Anúncio** - **Nossa esperança – Rm 8,18-24a**

Carta de São Paulo aos Romanos

[18]Eu penso que os sofrimentos do tempo presente não têm

comparação com a glória futura que se manifestará em nós. [19]Com efeito, o próprio universo espera ansiosamente a revelação dos filhos de Deus; [20]pois o universo foi submetido ao poder do nada, não por sua vontade, mas por vontade daquele que o submeteu, e alimenta a esperança [21]de que também ele será liberto do cativeiro da corrupção, para alcançar a liberdade e a glória dos filhos de Deus. [22]Pois sabemos que todo o universo até agora continua gemendo e sentindo dores de parto. [23]Não só ele, mas também nós, que temos as primícias do Espírito, gememos em nosso íntimo, suspirando pela adoção filial, que é a redenção de nosso corpo. [24]Pois já fomos salvos, mas na esperança.
— Palavra do Senhor!
— **Graças a Deus!**

(Mensagem de Esperança)

5. Prece Mariana
L.: Maria, tudo o que existe foi criado por Deus e para todos. Não podemos, ó Mãe, contemplar passivamente aqueles que estão saqueando toda a obra da criação. Atua uma ganância desenfreada, que não respeita nem a natureza nem o ser humano, obras das mãos divinas.
— **Sim, ó Mãe, somos colaboradores de Deus e não seus substitutos em toda a criação.**

L.: Ensinai-nos, ó Mãe bendita, a ouvir os clamores da natureza, que anseia livrar-se da escravidão gananciosa de alguns e pôr-se mais a serviço de todos.
— **A oferta de nossas mãos é um pouco da partilha do tudo que recebemos do Senhor e de seu amor. Amém.**

(Procissão da Caridade. Terminada a Procissão, o Presidente reza)

P.: Oremos: Ó Maria, obrigado por vosso amor materno, que rompe as amarras egoístas e mesquinhas. Fazei desabrochar em nós a alegre generosidade, que respeita o Senhor, a natureza e tudo o que nasceu de suas mãos. Obrigado pelo pão e pela vida que foram oferecidos com amor.
— **Sejam benditos os que estendem as mãos para amar e respeitar, para promover e cuidar do que Deus criou para todos. Amém.**

6. Caminhando com Ele
(Bênção de Jesus sacramentado)
(Entronização, Exposição e Adoração do Santíssimo — Diante do Santíssimo Sacramento, reza-se)

L.: Benditos sejam o sol, a lua, as estrelas, os astros e planetas, as galáxias e o cosmo inteiro.
— **Benditos sejam o Pai Criador e seu Filho Redentor.**
L.: Bendita seja a Irmã Água que nos regenera, o ar que rejuvenesce e a vida que floresce.

— **Benditos sejam o Pai Criador e seu Filho Redentor.**
L.: Bendita seja a Irmã Terra, que, mesmo ferida pela ganância, continua a nos oferecer seus dons.
— **Benditos sejam o Pai Criador e seu Filho Redentor.**
L.: Benditos sejam aqueles que reconhecem que nossa Casa é comum e não apenas de alguns.
— **Benditos sejam o Pai Criador e seu Filho Redentor. Amém.**

Bênção do Santíssimo
(Cântico "Tão Sublime", p. 2)

7. Consagrados a Maria
(Consagração)
P.: Maria, ajudai-nos a apressar a hora de Deus em nosso tempo e em nossa história. Consagrando-nos a vós, sejamos mais fortes em dizer "não" a tudo que desumaniza e gera morte. Acolhei nossa entrega a vosso amor.
— **Junto de vós, ó Maria, sentimos coragem, que nos anima a labutar pela vida de todas as criaturas. Amém.**

(Consagração a Nossa Senhora, p. 4)

— **Agradecimentos**

8. Oferta das Flores
P.: Senhora Aparecida, quem plantou um jardim em sua vida saberá partilhar o pão, a justiça e a paz. Que estas flores, que vos ofertamos, ó Mãe, sejam radiografias da beleza de nosso coração, que quer cuidar da criação de Deus!
— **Senhora Aparecida, nestas flores, acolhei nossa vida e fazei-a oferta agradável ao Pai Criador. Amém.**

9. Chamados à Missão
P.: A você, que hoje rezou, que a brisa leve do Espírito de Deus sopre sobre sua existência... A luz de Cristo brilhe suave em sua face... Que uma chuva de graças caia de mansinho em sua vida. E, até que nos encontremos de novo, que Deus guarde você na palma da mão e o abençoe rica e poderosamente, em tudo e sempre.
— **Amém. Assim seja.**
P.: A festa da vida, da esperança e da paz continua! Permaneçamos na paz de Jesus e na proteção da Senhora Aparecida, Mãe dos peregrinos da esperança.
— **Amém. Amém. Amém.**

(Homenagem do povo – Entrega das Flores)

8º Dia

Mãe Aparecida, somos peregrinos-missionários da Copiosa Redenção!

1. Ritos iniciais

P.: Em nome do Pai † e do Filho e do Espírito Santo.

— Amém.

P.: Mãe Aparecida, viemos de longe e de perto, mas aqui somos todos irmãos, uma só família, um só coração, buscando a Copiosa Redenção.

— **Unidos em Cristo e convosco, ó Maria, caminhamos com alegria na estrada que ao céu conduz.**

P.: Desde nosso Batismo, ó Mãe querida, Deus nos acolhe, enche-nos de seu amor e nos envia ao mundo como sinais vivos de seu Reino. Despertai-nos para tão nobre e profundo desejo de sermos missionários com Jesus, o Redentor.

— **Como Peregrinos da Esperança e unidos em Cristo, vamos viver e crescer em Comunidade, como deseja o Senhor. Amém.**

2. Acolhendo a Senhora Aparecida

(Entronização da Imagem da Senhora Aparecida – Incensação – Silêncio orante – Na sequência, reza-se e canta-se)

P.: Senhora Aparecida, pelas palavras do Anjo e com o sopro do Espírito Divino, vosso seio bendito tornou-se fecundo e acolheu o Redentor prometido. Ouvi vosso povo, que vos suplica auxílio e proteção.

— Ó Senhora e Mãe dos Peregrinos,
Maria, clamamos a vós!
— dos pobres sois Mãe e amparo.

— Guardai-os em vosso amor materno.
Lá no céu, rogai a Deus por nós!

— Ó Mãe dos cristãos batizados,
Maria, clamamos a vós!
— inspirai-nos no anúncio do Evangelho,
— e seja abundante a redenção.
Lá no céu, rogai a Deus por nós!

— Ó Virgem e Senhora dos Missionários,
Maria, clamamos a vós!
— guardai-nos em vosso divino coração
— e libertai-nos de toda escravidão.
Lá no céu, rogai a Deus por nós!

P.: Maria, vós sois o Santuário da vida, pois acolhestes o Redentor em vosso seio bendito. Por vosso materno amor, derramai em nossas famílias, nas Comunidades e no coração da sociedade a vida e a paz. "Ouvi o grito que sai do chão, dos oprimidos em oração."
— **Caminhai conosco, ó Maria, em cada dia, para que sejamos fiéis ao Redentor, como peregrinos da esperança. Amém.**

3. Exemplo de peregrino da esperança

De família nobre, mas já na juventude, como estudante universitário, Santo Afonso se condoía com os mais sofridos da sociedade: dedicava bom tempo aos pacientes do Hospital dos Incuráveis em Nápoles. Quando, sacerdote, viu o total abandono em que viviam os cabreiros nas montanhas de Scala – que entendiam de Deus tanto quanto suas ovelhas –, seu coração jamais pulsou no mesmo ritmo: tinha de surgir alguém que vivesse por aqueles cabreiros! Quando teve a divina certeza de que esse alguém era ele mesmo, abandonou sua querida Nápoles, sua família, deixou tudo e foi partilhar da vida dos cabreiros: pobre entre os pobres, a favor dos pobres!

E um dia, há exatos 130 anos, seus filhos espirituais chegaram ao Santuário da Mãe Aparecida e, sob esse manto materno, passaram a anunciar a Copiosa Redenção em terras brasileiras!

Onde há Copiosa Redenção, há vida em abundância! Que brote de nossos lábios uma profunda ação de graças por sermos peregrinos-missionários da Redenção abundante, a partir dessa grande Casa da Mãe Aparecida!

4. A Palavra do Senhor
(Entrada da Palavra)

— **Cântico à Palavra de Deus**
— **Anúncio** - **Pregação de Jesus em Nazaré** – **Lc 4,14-21**
Evangelho de Jesus Cristo segundo Lucas

[14]Com a força do Espírito Santo, voltou Jesus para a Galileia, e sua fama espalhou-se

por toda a região. ¹⁵Ensinava nas sinagogas deles e era glorificado por todos.

¹⁶Foi a Nazaré, lugar onde tinha sido criado. No sábado, segundo seu costume, entrou na sinagoga e levantou-se para fazer a leitura. ¹⁷Foi-lhe dado o livro do profeta Isaías. Desenrolando o livro, encontrou a passagem onde estava escrito: ¹⁸"O Espírito do Senhor está sobre mim, porque me ungiu para evangelizar os pobres, mandou-me anunciar aos cativos a libertação, aos cegos a recuperação da vista, pôr em liberdade os oprimidos ¹⁹e proclamar um ano de graça do Senhor".

²⁰Depois enrolou o livro, entregou-o ao servente e sentou-se. Todos na sinagoga tinham os olhos voltados para ele. ²¹Então começou a dizer-lhes: "Cumpriu-se hoje esta passagem da Escritura diante de vós".
— Palavra da Salvação!
— **Glória a vós, Senhor!**

(Mensagem de Esperança)

5. Prece Mariana
L.: Maria, o mistério da encarnação de vosso Filho nos toca profundamente, pois Ele veio entre nós e armou sua tenda em nós. Não se apegou à condição divina, mas se fez humilde, mesmo sendo o Senhor de tudo e do todo de nossa vida. Hoje, Ele espera que haja cristãos que sejam missionários da redenção.
— **Ó Mãe, dai-nos um coração como o coração de vosso e nosso Redentor.**

L.: Maria, o vosso e nosso Jesus não se pôs limites em sua doação, abraçou até a cruz, com toda a força de seu amor e de sua fidelidade. Até não mais poder, ofereceu-nos seu amor, para que ninguém se sentisse fora da salvação.
— **Ó Mãe, dai-nos um coração como o coração de vosso e nosso Redentor. Amém.**

(Procissão da Caridade. Terminada a Procissão, o Presidente reza)

P.: Oremos: Ó Maria, tornai fecundo nosso viver; que jamais a vazia ilusão da posse, do poder e do prazer venha reinar em nosso coração. Mas, em Comunidade, queremos ser doação, amor e redenção, junto dos irmãos, no tempo de agora.
— **Sim, ó Mãe, que a força da caridade redentora impulsione sempre nosso coração. Amém.**

6. Caminhando com Ele
(Bênção de Jesus sacramentado)
(Entronização, Exposição e Adoração do Santíssimo — Diante do Santíssimo Sacramento, reza-se)

L.: Ó Copiosa Redenção de todos os tempos e dos tempos de agora,

— **vós sois o Pão da redenção, da salvação, da vida eterna.**
L.: Ó Copiosa Redenção, que nascestes para nós, da Virgem bendita, escolhida pelo Pai,
— **vós sois o Pão da redenção, da salvação, da vida eterna.**
L.: Ó Copiosa Redenção, que não hesitastes em nascer em uma periferia, na simples manjedoura,
— **vós sois o Pão da redenção, da salvação, da vida eterna.**
L.: Ó Copiosa Redenção, que na Cruz nos oferecestes a plenitude da vida, a salvação,
— **vós sois o Pão da redenção, da salvação, da vida eterna.**
L.: Ó Copiosa Redenção, sois Eucaristia, sois presença viva, sois o altar da vida e de nossa união.
— **Vós sois o Pão da redenção, da salvação, da vida eterna. Amém.**

Bênção do Santíssimo
(Cântico "Tão Sublime", p. 2)

7. Consagrados a Maria
(Consagração)
P.: Maria, sois a Serva, discípula destemida, que nada recusou do que veio do Senhor: da manjedoura ao alto da Cruz, vós nos ensinais a colocar Deus em primeiro lugar e a amar e servir sem reserva alguma. Queremos a disponibilidade e prontidão de vosso coração.
— **Ó Maria, Mãe do Salvador, sustentai-nos na missão e na fidelidade ao Redentor. Por isso nos consagramos a vós. Amém.**

(Consagração a Nossa Senhora, p. 4)

— **Agradecimentos**

8. Oferta das Flores
P.: Cheios de gratidão, nós vos oferecemos flores, ó Mãe e Senhora de nossa vida. Mãos que oferecem flores são abençoadas: as dos jovens, das crianças e dos anciãos. Elas rejeitam o mal, a violência e opressão presentes no coração do ganancioso e orgulhoso.
— **Com elas, o mundo será o jardim que Deus sempre desejou para toda a humanidade. Amém.**

9. Chamados à Missão
P.: A você, que hoje rezou, que a brisa leve do Espírito de Deus sopre sobre sua existência... A luz de Cristo brilhe suave em sua face... Que uma chuva de graças caia de mansinho em sua vida. E, até que nos encontremos de novo, que Deus guarde você na palma da mão e o abençoe rica e poderosamente, em tudo e sempre.
— **Amém. Assim seja.**
P.: A festa da vida, da esperança e da paz continua! Permaneçamos na paz de Jesus e na proteção da Senhora Aparecida, Mãe dos peregrinos da esperança.
— **Amém. Amém. Amém.**

(Homenagem do povo – Entrega das Flores)

9º Dia

Mãe Aparecida, enviai-nos como Família dos Devotos, peregrinos da esperança!

1. Ritos iniciais

P.: Em nome do Pai † e do Filho e do Espírito Santo.
— Amém.
P.: Senhora Aparecida, contemplai o rosto de cada peregrino que aqui já chegou ou ainda está a caminho! Neste dia, cativados por vossa Imagem, erguemos a vós o coração, como Peregrinos da Esperança, em prece agradecida.
— Bendita sejais, nossa Mãe, Senhora Aparecida, que nos amparais e nos guiais.
P.: Ó Mãe bendita, a cada um de nós que aqui chega ofereceis uma especial acolhida. E vosso coração bate mais forte, ao nos acolher como família.
— Ó Mãe do Divino Amor, fortalecei nosso coração para a missão. Sois nossa peregrina esperança de paz e de concórdia. Amém.

2. Acolhendo a Senhora Aparecida

(Entronização da Imagem da Senhora Aparecida – Incensação – Silêncio orante – Na sequência, reza-se e canta-se)

P.: Senhora Aparecida, como devotos, nós vos amamos e vamos estreitar os laços convosco e entre nós. Somos Família que deseja viver unida na construção da vida. Precisamos de vosso auxílio e de vossa paz, como peregrinos da esperança.

— Ó Senhora e Mãe dos Peregrinos,
Maria, clamamos a vós!
— sois o Santuário da vida,
— das famílias sois a protetora.
Lá no céu, rogai a Deus por nós!

— Guardai-nos, ó Mãe, em vosso amor!
Maria, clamamos a vós!
— Ó Templo iluminado do Senhor,
— guiai-nos no caminho do Reino.
Lá no céu, rogai a Deus por nós!

— Ó Virgem e Mãe tão serena,
Maria, clamamos a vós!
— ajudai-nos a vencer a exclusão
— e viver na mais plena comunhão.
Lá no céu, rogai a Deus por nós!

P.: Maria, vosso carinho e cuidado maternos nos alegram e nos trazem a paz, quando estamos onde vós estais. Fazei-nos perseverantes na esperança e na solidariedade de irmãos comprometidos na causa do Reino de Deus.
— **Na labuta de cada dia, ó Maria, nós encontramos vossa presença materna e a paz no coração. Amém.**

3. Exemplo de peregrino da esperança

Jesus veio propor e inaugurar na terra o Reino dos céus, a eterna vida trinitária. Ele, da Família de Deus, na excepcional ação do Espírito, fez-se plenamente humano: concebido em um ventre de mulher, nele gestado por nove meses e dado à luz! Ele, o Criador de tudo, assumiu o indispensável cuidado de um pai e, sobretudo, de uma mãe, para poder sobreviver e crescer!

No tempo devido, partiu em missão. Deixou o convívio diário da família, mas assumiu a essência da lição familiar: a convivência partilhante com quem se encontrar. Não deixou, porém, de contar com a família, esse divino sustento para todas as horas. Assim, no auge de sua missão, na cruz, Ele, o Primogênito da divina família na terra, contou com sua Mãe, até seu último humano suspiro. E essa Mãe Ele nos deu: com essa força, é possível vivermos seu discipulado, por mais difícil que seja!

Como Família dos Devotos, na Casa da Mãe, é onde eu quero estar, porque é onde o Filho está!

4. A Palavra do Senhor
(Entrada da Palavra)

— **Cântico à Palavra de Deus**
— **Anúncio** – Peregrinos da Esperança – Lc 10,1-9

Evangelho de Jesus Cristo segundo Lucas

[1] O Senhor designou outros setenta e dois discípulos e mandou-os, dois a dois, a sua frente, a todas as cidades e todos os lugares aonde ele pensava ir. [2] Dizia-lhes: "A messe é grande, mas os operários são poucos; por isso rogai ao Senhor da messe que mande mais operários para sua messe. [3] Ide! Eu vos envio como cordeiros no meio de lobos. [4] Não leveis bolsa, nem sacola, nem sandálias; e não sau-

deis ninguém pelo caminho. ⁵Em toda casa em que entrardes, dizei primeiro: 'Paz a esta casa!' ⁶E, se lá houver quem ame a paz, vossa paz ficará com ele; do contrário, ela voltará a vós. ⁷Ficai nesta mesma casa, comendo e bebendo do que lá houver, pois o operário merece seu salário. Não fiqueis andando de uma casa para outra. ⁸Em toda cidade em que entrardes e fordes bem recebidos, comei o que vos for servido, ⁹curai os doentes que lá houver e dizei-lhes: 'Chegou para vós o Reino de Deus'".
— Palavra da Salvação!
— **Glória a vós, Senhor!**

(Mensagem de Esperança)

5. Prece Mariana
L.: Maria, quem pode morar na mesma casa com Deus? Quem vive na integridade e cujo coração fala a verdade. Entramos nessa Casa pela Porta, que é Jesus, vosso Filho, nosso Redentor.
— **É o coração solidário, ó Mãe, que nos leva à Porta, que é Jesus, e nos faz viver nas delícias da eternidade.**
L.: Se outrora, ó Maria, Deus escreveu sua lei em tábuas de pedra, agora quer escrever o amor a Ele mesmo e ao próximo no coração de cada ser humano.
— **Como o trigo brota da terra, fazei nascerem em nosso coração gestos solidários de vida e transformação. Amém.**

(Procissão da Caridade. Terminada a Procissão, o Presidente reza)

P.: Oremos: Ó Maria, é convosco que queremos, no dia a dia, ser essa Família em procissão de caridade e solidariedade, que estende mãos e coração a nossos irmãos necessitados, em suas periferias existenciais.
— **Sim, ó Mãe, convosco vamos tornar o mundo e nossa Família lugares onde vós e vosso Filho estais. Amém.**

6. Caminhando com Ele
(Bênção de Jesus sacramentado)
(Entronização, Exposição e Adoração do Santíssimo — Diante do Santíssimo Sacramento, reza-se)

L.: Graças, Senhor, porque sois um único Pão, que nos transforma e nos faz uma única Família.
— **Convosco, Senhor, seremos Peregrinos da Esperança.**
L.: Graças, Senhor, porque estais presente com vosso amor de totalidade e alimentais nossa esperança.
— **Convosco, Senhor, seremos Peregrinos da Esperança.**
L.: Graças, Senhor, porque sois Vida em nossa vida e fazeis novas todas as coisas, as do céu e as da terra.
— **Convosco, Senhor, seremos Peregrinos da Esperança.**
L.: Graças, Senhor, porque nos dais novo alento e nos fazeis recobrar as forças nas horas difíceis.

— **Convosco, Senhor, seremos Peregrinos da Esperança. Amém.**

Bênção do Santíssimo
(Cântico "Tão Sublime", p. 2)

7. Consagrados a Maria
(Consagração)
P.: Maria, bela é vossa casa, mas em nada se compara à beleza indizível de vossa vida, de vosso coração. Sois a mais bela criatura que o sol já pôde iluminar. Felizes os que buscam ter um coração como o vosso, pois sempre encontram Jesus.

— **Para viver em vossa mesma luz, nós nos consagramos a vós, ó Maria. Amém.**

(Consagração a Nossa Senhora, p. 4)

— **Agradecimentos**

8. Oferta das Flores
P.: Alegra-te, ó Terra inteira, pois diante do Senhor, a beleza sem-par, até mesmo nossas flores irão empalidecer. Alegra-te, ó Terra inteira, dança como uma noiva na primavera, pois Deus está conosco, o Filho nascido de Maria, que entre nós veio morar.

— **Como a chuva fecunda a terra, a graça do Senhor fecunde nossa vida e nossa Família. Amém.**

9. Chamados à Missão
P.: Mãe querida, vós peregrinastes conosco e estivestes presente no coração de nosso povo e de nossas Comunidades. Foram dias de júbilo, pois experimentamos a singeleza de vosso amor maternal. De agora em diante, não deixeis que nossa fé enfraqueça e fazei-nos perseverantes no amor a Jesus e na vivência do Evangelho.

— **Convosco, ó Maria, com Jesus e José, seremos uma Família peregrina da esperança no mundo.**

P.: Obrigado, Mãe, pois, em vosso amor maternal, acolhestes jovens e crianças, casais e famílias, doentes e sofredores. Todos nós tivemos um lugar em vosso coração. É tão meigo vosso olhar, e tão viva vossa presença! Confortai-nos no amor de Jesus. Não vos esqueçais de interceder por nós, pelas Comunidades e Paróquias, em nossas Dioceses.

— **Convosco, ó Maria, com Jesus e José, seremos uma Família peregrina da esperança no mundo.**

P.: Vós dizeis às crianças: "Sejam ternas e simples, pois vocês têm um lugar especial no coração do meu Jesus". Dizeis aos jovens: "Não tenham medo da vida nem receio de viver a fé, com liberdade e no vigor divino". Das famílias também vos lembrais: "Não tenham medo da paz nem da força da união fraterna".

— **Convosco, ó Maria, com Jesus e José, seremos uma Família peregrina da esperança no mundo.**

P.: Mãe querida, nossa Peregrinação continua. Contando com vossa cuidadosa presença e a presença de nosso Jesus, seremos vossa Família Peregrina a semear esperança no conturbado, inquieto coração da humanidade. Queremos ser fortes, sustentai-nos na peregrinação!
— **Amém. Assim seja.**

P.: A festa da vida, da esperança e da paz continua! Permaneçamos na paz de Jesus e na proteção da Senhora Aparecida e de José, protetor das Famílias peregrinas da esperança.
— **Amém. Amém. Amém.**

(Homenagem do povo – Entrega das Flores)

Solenidade de Nossa Senhora Aparecida

(Cor Litúrgica: Branca)
Dia da Criança

1. Cântico inicial

De alegria vibrei no Senhor

De alegria vibrei no Senhor, pois vestiu-me com sua justiça, adornou-me com joias bonitas, como esposa do rei me elevou.

1. Transborda o meu coração em belos versos ao rei, um poema, uma canção com a língua escreverei. De todos és o mais belo, a graça desabrochou em teu semblante, em teus lábios pra sempre Deus te abençoou.

2. Valente, forte, herói. Pela verdade a lutar, a justiça a defender, vitorioso tu serás. Lutas com arma e poder, o inimigo a correr, eterno é o teu trono, ó Deus, é retidão para valer!

2. Antífona da Entrada *(Is 61,10)*

Exulto de alegria no Senhor e minha alma regozija-se em meu Deus; ele me vestiu com as vestes da salvação, envolveu-me com o manto da justiça e adornou-me como uma noiva com suas joias.

3. Saudação

Pres.: Em nome do Pai † e do Filho e do Espírito Santo.
— **Amém.**
Pres.: Com o coração cheio de júbilo e gratidão, na celebração da Senhora Aparecida, a graça e a paz daquele que é, que era e que vem estejam convosco.
— **Bendito seja Deus que nos reuniu no amor de Cristo.**

Contemplemos a Virgem de Nazaré, a quem invocamos Senhora de Aparecida. Em sua história, pôs-se ao lado dos oprimidos, como os três pobres e santos pescadores, como a rainha Ester, para quem outra coisa não interessava, senão a vida de seu povo. Maria é o modelo de discípula de Cristo e nos faz contemplar e agir como uma Igreja viva e comprometida, ao lado do povo e dos mais necessitados. Em nossa pátria, ela, a Senhora Aparecida, revestiu-se da dor do povo, dos pobres, dos humildes e continua a estender-lhes as mãos. Agradecidos, louvemos a Nossa Senhora Aparecida e sejamos com ela discípulos de Cristo.

4. Ato Penitencial
Pres.: No início desta celebração eucarística, peçamos a conversão do coração, fonte de reconciliação e comunhão com Deus e com os irmãos e as irmãs. *(Silêncio)*
Pres.: Senhor, Filho de Deus, que, nascendo da Virgem Maria, vos fizestes nosso irmão, tende piedade de nós.
— **Senhor, tende piedade de nós.**
Pres.: Cristo, Filho do Homem, que conheceis e empreendeis nossa fraqueza, tende piedade de nós.
— **Cristo, tende piedade de nós.**
Pres.: Senhor, Filho primogênito do Pai, que fazeis de nós uma só família, tende piedade de nós.
— **Senhor, tende piedade de nós.**
Pres.: Deus Todo-Poderoso, tenha compaixão de nós, perdoe nossos pecados e nos conduza à vida eterna.
— Amém.

5. Hino de Louvor
Glória a Deus nas alturas e paz na terra aos homens por ele amados. **Senhor Deus, rei dos céus, Deus Pai todo-poderoso.** Nós vos louvamos, **nós vos bendizemos,** nós vos adoramos, **nós vos glorificamos,** nós vos damos graças por vossa imensa glória. **Senhor Jesus Cristo, Filho unigênito,** Senhor Deus, Cordeiro de Deus, Filho de Deus Pai. **Vós que tirais o pecado do mundo, tende piedade de nós.** Vós que tirais o pecado do mundo, acolhei a nossa súplica. **Vós que estais à direita do Pai, tende piedade de nós.** Só vós sois o Santo, **só vós, o Senhor,** só vós, o Altíssimo, Jesus Cristo, **com o Espírito Santo, na glória de Deus Pai. Amém.**

6. Coleta
Pres.: OREMOS: Ó DEUS TODO-PODEROSO, ao rendermos culto à Imaculada Conceição de Maria, Mãe de Deus e Senhora nossa, concedei que o povo brasileiro, vivendo na paz e na justiça, possa chegar um dia à pátria definitiva. Por nosso Senhor Jesus Cristo, vosso Filho, que é Deus, e convosco vive e reina, na unidade do Espírito Santo, por todos os séculos dos séculos.
— Amém.

LITURGIA DA PALAVRA
Ouvir o Senhor!

A Palavra nos dá um nobre sentimento: o de estar do lado de Deus, de cumprir sua vontade e de "banhar-nos" inteiramente da verdade de Cristo. Em Maria, aprendemos a ser mais de Deus.

7. Primeira Leitura
(Est 5,1b-2;7,2b-3)

Leitura do Livro de Ester

¹ᵇEster revestiu-se com vestes de rainha e foi colocar-se no vestíbulo interno do palácio real, frente à residência do rei. O rei estava sentado no trono real, na sala do trono, frente à entrada. ²Ao ver a rainha Ester parada no vestíbulo, olhou para ela com agrado e estendeu-lhe o cetro de ouro que tinha na mão, e Ester aproximou-se para tocar a ponta do cetro.

⁷,²ᵇEntão, o rei lhe disse: "O que me pedes, Ester; o que queres que eu faça? Ainda que me pedisses a metade do meu reino, ela te seria concedida".

³Ester respondeu-lhe: "Se ganhei as tuas boas graças, ó rei, e se for de teu agrado, concede-me a vida — eis o meu pedido! — e a vida do meu povo — eis o meu desejo!"
— Palavra do Senhor.
— **Graças a Deus!**

8. Salmo Responsorial *(Sl 44)*
Salmista: Escutai, minha filha, olhai, ouvi isto: que o Rei se encante com vossa beleza!

1. Escutai, minha filha, olhai, ouvi isto:/ "Esquecei vosso povo e a casa paterna!/ Que o Rei se encante com vossa beleza!/ Prestai-lhe homenagem: é vosso Senhor!
2. O povo de Tiro vos traz seus presentes,/ os grandes do povo vos pedem favores./ Majestosa, a princesa real vem chegando,/ vestida de ricos brocados de ouro.
3. Em vestes vistosas ao Rei se dirige,/ e as virgens amigas lhe formam cortejo;/ entre cantos de festa e com grande alegria,/ ingressam, então, no palácio real".

9. Segunda Leitura
(Ap 12,1.5.13a.15-16a)

Leitura do Livro do Apocalipse de São João

¹Apareceu no céu um grande sinal: uma mulher vestida do sol, tendo a lua debaixo dos pés e sobre a cabeça uma coroa de doze estrelas. ⁵E ela deu à luz um filho homem, que veio para governar todas as nações com cetro de ferro. Mas o filho foi levado para junto de Deus e do seu trono.

¹³ᵃQuando viu que tinha sido expulso para a terra, o dragão começou a perseguir a mulher que tinha dado à luz o menino.

¹⁵A serpente, então, vomitou como um rio de água atrás da mulher, a fim de a submergir. ¹⁶ᵃA terra, porém, veio em socorro da mulher.
— Palavra do Senhor!
— **Graças a Deus!**

10. Aclamação Ao Evangelho
— **Aleluia! Aleluia! Aleluia!**
— Disse a Mãe de Jesus aos serventes: "Fazei tudo o que Ele disser!"

Anúncio do Evangelho
(Jo 2,1-11)
Pres.: O Senhor esteja convosco.
— **Ele está no meio de nós!**

Pres.: PROCLAMAÇÃO do Evangelho de Jesus Cristo † segundo João.
— **Glória a vós, Senhor!**

Naquele tempo, ¹houve um casamento em Caná da Galileia. A mãe de Jesus estava presente. ²Também Jesus e seus discípulos tinham sido convidados para o casamento. ³Como o vinho veio a faltar, a mãe de Jesus lhe disse: "Eles não têm mais vinho".

⁴Jesus respondeu-lhe: "Mulher, por que dizes isto a mim? Minha hora ainda não chegou".

⁵Sua mãe disse aos que estavam servindo: "Fazei o que ele vos disser!"

⁶Estavam seis talhas de pedra colocadas aí para a purificação que os judeus costumam fazer. Em cada uma delas cabiam mais ou menos cem litros.

⁷Jesus disse aos que estavam servindo: "Enchei as talhas de água!" Encheram-nas até a boca. ⁸Jesus disse: "Agora tirai e levai ao mestre-sala!" E eles levaram. ⁹O mestre-sala experimentou a água que se tinha transformado em vinho. Ele não sabia de onde vinha, mas os que estavam servindo sabiam, pois eram eles que tinham tirado a água.

¹⁰O mestre-sala chamou então o noivo e lhe disse: "Todo mundo serve primeiro o vinho melhor e, quando os convidados já estão embriagados, serve o vinho menos bom. Mas tu guardaste o vinho bom até agora!"

¹¹Este foi o início dos sinais de Jesus. Ele o realizou em Caná da Galileia e manifestou a sua glória, e seus discípulos creram nele.
— Palavra da Salvação!
— **Glória a vós, Senhor!**

11. Profissão de Fé

Creio em Deus Pai todo-poderoso, Criador do céu e da terra. **E em Jesus Cristo, seu único Filho, nosso Senhor,** que foi concebido pelo poder do Espírito Santo, nasceu da Virgem Maria, **padeceu sob Pôncio Pilatos, foi crucificado, morto e sepultado.** Desceu à mansão dos mortos, ressuscitou ao terceiro dia, **subiu aos céus, está sentado à direita de Deus Pai todo-poderoso,** donde há de vir a julgar os vivos e os mortos. **Creio no Espírito Santo,** na Santa Igreja católica, na comunhão dos santos, **na remissão dos pecados,** na ressurreição da carne e **na vida eterna. Amém.**

12. Preces da Comunidade

Pres.: A vós, Deus Pai todo-poderoso, elevamos o coração em prece e, humildemente, pedimos vossa misericórdia, dizendo: **Senhor, Deus da esperança e da paz, ouvi-nos!**

1. TORNAI fecundo o labor de vossa Igreja e guardai, em vossa bondade, todos os Ministros de vosso povo e nossas Comunidades.

2. FAZEI com que vossa Igreja, aprendendo de Maria, seja o po-

der de vosso braço, que sacia os famintos, dispersa os orgulhosos e gananciosos de seus tronos.
— **Senhor, Deus da esperança e da paz, ouvi-nos!**

3. EDUCAI nossas Comunidades, para que, aprendendo com Maria, sejam sinal de vida, de esperança, de um novo céu e nova terra.

4. TORNAI-NOS cada vez mais solidários, a exemplo de Maria, e que nossa alegria seja ver a alegria dos irmãos vivendo na justiça e na paz.

5. AJUDAI-NOS a estarmos sempre atentos aos sinais dos tempos, percebendo, nos fatos e acontecimentos, a manifestação de vossa vontade e de vossa misericórdia.

6. GUARDAI em vosso amor as crianças, trigais de vosso Reino, e que sejam sempre protegidas em sua dignidade e integridade.

7. *(Outras intenções...)*

Pres.: Guardai vosso povo, Senhor Deus, e que ele, saudando a Mãe de vosso Filho, sob o título de Nossa Senhora Aparecida, alcance de vós toda graça e toda paz. Por Cristo, vosso Filho e Senhor nosso.

LITURGIA EUCARÍSTICA
Partilhar e Agradecer!

Maria nos conduz até Jesus, para que aprendamos dele a ser uma oferta agradável, igual à de sua vida, oferecida como *dom para nossa paz e salvação. Quem ama se faz oferta de amor.*

13. Cântico das Oferendas
Como vai ser?

1. Como vai ser? Nossa festa não pode seguir: Tarde demais pra buscar outro vinho e servir.

Em meio a todo sobressalto, é Maria quem sabe lembrar: "Se o meu Filho está presente, nada pode faltar!" "Se o meu Filho está presente, nada pode faltar!"

2. Mas que fazer? Se tem água, tem vinho também: Basta um sinal! E em Caná quem provou: "Tudo bem!"

14. Sobre as Oferendas
Pres.: Orai, irmãos e irmãs, para que o meu e vosso sacrifício seja aceito por Deus Pai todo-poderoso.
— **Receba o Senhor por tuas mãos este sacrifício, para glória do seu nome, para nosso bem e de toda a sua santa Igreja.**

Pres.: ACOLHEI, Ó DEUS, as preces e oferendas apresentadas na festa da Virgem Maria, Mãe de Jesus Cristo, vosso Filho; concedei que elas vos sejam agradáveis e nos tragam a graça da vossa proteção. Por Cristo, nosso Senhor.
— **Amém.**

15. Oração Eucarística III
(Missal, p. 545, ou à escolha do Presidente)

Pres.: O Senhor esteja convosco.
— **Ele está no meio de nós.**
Pres.: Corações ao alto.
— **O nosso coração está em Deus.**
Pres.: Demos graças ao Senhor, nosso Deus.
— **É nosso dever e nossa salvação.**

(Do mistério de Maria e da Igreja, p. 828)
Pres.: NA VERDADE, é digno e justo, é nosso dever e salvação dar-vos graças, sempre e em todo lugar, Senhor, Pai santo, Deus eterno e todo-poderoso. A fim de preparar para o vosso Filho Mãe que fosse digna dele, preservastes a Bem-aventurada Virgem Maria de toda mancha da culpa original e a enriquecestes com a plenitude da vossa graça. Nela nos destes as primícias da Igreja, Esposa de Cristo, sem ruga e sem mancha, resplandecente de beleza. De fato, dela, Virgem puríssima, devia nascer o Filho, Cordeiro inocente, que tira os nossos pecados; vós a colocastes acima de todas as criaturas, em favor do vosso povo, como advogada da graça e modelo de santidade. Por isso, unidos aos coros dos anjos, nós vos louvamos e cantamos (dizemos) alegres a uma só voz:
— **Santo, Santo, Santo, Senhor, Deus do universo. O céu e a terra proclamam a vossa glória. Hosana nas alturas! Bendito o que vem em nome do Senhor! Hosana nas alturas!**

Pres.: NA VERDADE, vós sois Santo, ó Deus do universo, e tudo o que criastes proclama o vosso louvor, porque, por Jesus Cristo, vosso Filho e Senhor nosso, e pela força do Espírito Santo, dais vida e santidade a todas as coisas e não cessais de reunir para vós um povo que vos ofereça em toda parte, do nascer ao pôr do sol, um sacrifício perfeito.
(Une as mãos e, estendendo-as sobre as Oferendas, diz)
Pres.: Por isso, ó Pai, nós vos suplicamos: santificai pelo Espírito Santo as oferendas que vos apresentamos para serem consagradas a fim de que se tornem o Corpo e † o Sangue de vosso Filho, nosso Senhor Jesus Cristo, que nos mandou celebrar estes mistérios.
— **Enviai o vosso Espírito Santo!**
Pres.: Na noite em que ia ser entregue, Jesus tomou o pão, pronunciou a bênção de ação de graças, partiu e o deu a seus discípulos, dizendo:
TOMAI, TODOS, E COMEI: ISTO É O MEU CORPO, QUE SERÁ ENTREGUE POR VÓS.
Pres.: Do mesmo modo, no fim da ceia, ele tomou o cálice em suas mãos, pronunciou a bênção de ação de graças, e o deu a seus discípulos, dizendo:
TOMAI, TODOS, E BEBEI: ESTE É O CÁLICE DO MEU SANGUE, O SANGUE DA NOVA E ETERNA ALIANÇA, QUE SERÁ DERRAMADO

POR VÓS E POR TODOS PARA REMISSÃO DOS PECADOS. FAZEI ISTO EM MEMÓRIA DE MIM.

Pres.: Mistério da fé para a salvação do mundo!
— **Salvador do mundo, salvai-nos, vós que nos libertastes pela cruz e ressurreição!**
Pres.: Celebrando agora, ó Pai, o memorial da paixão redentora do vosso Filho, da sua gloriosa ressurreição e ascensão ao céu, e enquanto esperamos sua nova vinda, nós vos oferecemos em ação de graças este sacrifício vivo e santo.
— **Aceitai, ó Senhor, a nossa oferta!**
Pres.: Olhai com bondade a oblação da vossa Igreja e reconhecei nela o sacrifício que nos reconciliou convosco; concedei que, alimentando-nos com o Corpo e o Sangue do vosso Filho, repletos do Espírito Santo, nos tornemos em Cristo um só corpo e um só espírito.
— **O Espírito nos una num só corpo!**
Pres.: Que o mesmo Espírito faça de nós uma eterna oferenda para alcançarmos a herança com os vossos eleitos: a santíssima Virgem Maria, Mãe de Deus, São José, seu esposo, os vossos santos Apóstolos e gloriosos Mártires, *(Santo do dia ou padroeiro)* e todos os Santos, que não cessam de interceder por nós na vossa presença.
— **Fazei de nós uma perfeita oferenda!**
Pres.: Nós vos suplicamos, Senhor, que este sacrifício da nossa reconciliação estenda a paz e a salvação ao mundo inteiro. Confirmai na fé e na caridade a vossa Igreja que caminha neste mundo com o vosso servo o Papa N. e o nosso Bispo N., com os bispos do mundo inteiro, os presbíteros e diáconos, os outros ministros e o povo por vós redimido. Atendei propício às preces desta família, que reunistes em vossa presença. Reconduzi a vós, Pai de misericórdia, todos os vossos filhos e filhas dispersos pelo mundo inteiro.
— **Lembrai-vos, ó Pai, da vossa Igreja!**
Pres.: Acolhei com bondade no vosso reino os nossos irmãos e irmãs que partiram desta vida e todos os que morreram na vossa amizade. Unidos a eles, esperamos também nós saciar-nos eternamente da vossa glória, por Cristo, Senhor nosso. Por ele dais ao mundo todo bem e toda graça.
(Ergue a patena com a hóstia e o cálice, dizendo)
Pres.: Por Cristo, com Cristo, e em Cristo, a vós, Deus Pai todo-poderoso, na unidade do Espírito Santo, toda honra e toda glória, por todos os séculos dos séculos.
— **Amém.**

16. Rito da Comunhão

Pres.: Obedientes à palavra do Salvador e formados por seu divino ensinamento, ousamos dizer:
— **PAI NOSSO...**
Pres.: Livrai-nos de todos os males, ó Pai, e dai-nos hoje a vossa paz. Ajudados pela vossa misericórdia, sejamos sempre livres do pecado e protegidos de todos os perigos, enquanto aguardamos a feliz esperança e a vinda do nosso Salvador, Jesus Cristo.
— **Vosso é o reino, o poder e a glória para sempre!**

Pres.: Senhor Jesus Cristo, dissestes aos vossos Apóstolos: Eu vos deixo a paz, eu vos dou a minha paz. Não olheis os nossos pecados, mas a fé que anima vossa Igreja; dai-lhe, segundo o vosso desejo, a paz e a unidade. Vós, que sois Deus, com o Pai e o Espírito Santo.
— **Amém.**
Pres.: A paz do Senhor esteja sempre convosco.
— **O amor de Cristo nos uniu.**
Pres.: No Espírito de Cristo ressuscitado, saudai-vos com um sinal de paz!

Pres.: Esta união do Corpo e do Sangue de Jesus, o Cristo e Senhor nosso, que vamos receber, nos faça participar da vida eterna.
— **Cordeiro de Deus, que tirais o pecado do mundo, tende piedade de nós...**

Pres.: Senhor Jesus Cristo, o vosso Corpo e o vosso Sangue, que vou receber...
Pres.: Provai e vede como o Senhor é bom; feliz de quem nele encontra seu refúgio. Eis o Cordeiro de Deus, que tira o pecado do mundo.
— **Senhor, eu não sou digno(a) de que entreis em minha morada, mas dizei uma palavra e serei salvo(a).**

17. Cântico da Comunhão
(Cantos do Evangelho, v. 4 – Paulus)
Antífona: Disse a Mãe de Jesus aos serventes:
Refrão: Fazei tudo o que ele disser!
E Jesus ordenou que enchessem aquelas seis talhas de água, que foi transformada em vinho!

1. Ensinai-me a viver vossos preceitos; quero guardá-los fielmente até o fim! Dai-me saber, e cumprirei a vossa lei, e de todo o coração a guardarei.

2. Guiai meus passos no caminho que traçastes, pois só nele encontrarei felicidade. Inclinai meu coração às vossas leis, e nunca ao dinheiro e à avareza.

3. Desviai o meu olhar das coisas vãs, dai-me a vida pelos vossos mandamentos! Cumpri, Senhor, vossa promessa ao vosso servo, vossa promessa garantida aos que vos temem.

4. Livrai-me do insulto que eu receio, porque vossos julgamentos são suaves. Como anseio pe-

los vossos mandamentos! Dai-me a vida, ó Senhor, porque sois justo!

Antífona da Comunhão
(Pr 31,28.15)

Seus filhos se erguem, para proclamá-la Bem-aventurada. Ela se levanta antes da aurora para dar o alimento a cada um.

18. Depois da Comunhão

Pres.: **OREMOS:** ALIMENTADOS com o Corpo e o Sangue do vosso Filho, nós vos suplicamos, ó Deus: dai ao vosso povo, sob o olhar de Nossa Senhora da Conceição Aparecida, empenhar-se nas tarefas de cada dia para a propagação do vosso reino. Por Cristo, nosso Senhor.
— **Amém.**

19. Bênção Solene

Pres.: O Senhor esteja convosco.
— **Ele está no meio de nós.**
Pres.: O Deus de bondade, que, pelo Filho da Virgem Maria, quis salvar o gênero humano, vos enriqueça com sua bênção.
— **Amém.**
Pres.: Seja-vos dado sentir sempre e por toda parte a proteção da Virgem, por quem recebestes o autor da vida.
— **Amém.**
Pres.: E vós, que vos reunistes hoje para celebrar com fervor sua solenidade, possais colher a alegria espiritual e o prêmio eterno.
— **Amém.**
Pres.: E a bênção de Deus todo-poderoso, Pai e Filho † e Espírito Santo, desça sobre vós e permaneça para sempre.
— **Amém.**
Pres.: A alegria do Senhor seja a vossa força; ide em paz e o Senhor vos acompanhe.
— **Graças a Deus!**

(Cânticos: Hinário Litúrgico – Festas Litúrgicas III – CNBB./ Cantos do Evangelho, v. 4 – Paulus)

Cânticos Novena e Festa da Padroeira – 2024

1. Hino da Novena e Festa da Padroeira 2024
(L e M: Pe. Wallison Rodrigues)

Mãe Aparecida!/ Mãe Aparecida,/ acolhei-nos, acolhei-nos,/ acolhei-nos como peregrinos da esperança./ Acolhei-nos como peregrinos da esperança.

1. Louvamos a Maria,/ a mãe dos peregrinos,/ de um povo em romaria,/ que marcha para os céus.
2. Jesus é a Porta Santa,/ caminho para o Pai;/ e, vós, sois o Farol/ que a vida iluminais.
3. A fé que aqui nos trouxe/ e aqui nós professamos:/ é a fé em Jesus Cristo,/ em quem nós confiamos.
4. Vivendo a caridade,/ justiça e paz se abraçam;/ culturas, línguas, raças…/ com mãos que se enlaçam.
5. Sois Mãe da Esperança,/ que ampara e que nos guia!/ Queremos ver Jesus!/ Perdão e Eucaristia.
6. Em vosso baldaquino,/ repleto de beleza,/ a nós chega o clamor:/ cuidai da Natureza!
7. De norte a sul se achegam,/ gritando "viva" ou glórias./ Um povo e seus milagres./ É Deus quem rege a história.
8. São tantos testemunhos/ de um povo peregrino,/ desde Abraão e Sara./ Aos santos do nosso tempo.
9. São cento e trinta anos,/ na força da missão,/ que os Redentoristas pisaram neste chão.
10. No lar de Aparecida,/ unindo as mãos em preces;/ família dos devotos,/ que louva e agradece.
11. Os filhos pequeninos,/ com pura confiança,/ são devotos mirins;/ rogai pelas crianças!
12. Do trono mais excelso/ às lidas desta vida,/ reinais sobre o Brasil,/ Senhora Aparecida.

2. Virgem Mãe Aparecida
(Pe. João B. Lehmann)

1. Virgem Mãe Aparecida,/ estendei o vosso olhar/ sobre o chão de nossa vida,/ sobre nós e nosso lar.

Virgem Mãe Aparecida,/ nossa vida e nossa luz,/: *dai-nos sempre, nesta vida,/ paz e amor no bom Jesus:/*

2. Peregrinos, longes terras,/ caminhamos através/ de altos montes, de altas serras,/ para vos beijar os pés.

3. Estendei os vossos braços/ que trazeis no peito em cruz,/ para nos guiar os passos/ para o reino de Jesus.

4. Desta vida nos extremos,/ trazei paz, trazei perdão/ a nós, Mãe, que vos trazemos/ com amor no coração.

3. Aparecida do Brasil
(Glória Viana)

1. Virgem Mãe tão poderosa,/ Aparecida do Brasil!/ Mãe fiel aos seus devotos,/ de cor morena, uniu os filhos seus./ Mãe, és Rainha/ dos peregrinos/ que vêm de longe pra te saudar!/ Mãe venerada,/ sejas louvada!/ És o orgulho do Brasil!

2. Mãe, teu nome ressurgido,/ dentro das águas de um grande rio,/ espalhou-se como o vento,/ de sul a norte pra nós surgiu!/ Mãe caridosa,/ sempre esperando,/ de mãos erguidas, os filhos teus,/ tu és Rainha do mundo inteiro,/ Aparecida do Brasil!

4. O milagre de Nossa Senhora
(Pe. Ronoaldo Pelaquin, C.Ss.R.)

1. Foi nos tempos bem longe na história/ que nas águas do rio sucedeu:/ pescadores buscavam sustento,/ alimento pra quem não comeu./ Todos lembram, está na memória,/ o milagre nascido nas águas,/ o milagre da pesca da imagem,/ o milagre de Nossa Senhora.

Vamos todos cantar, com amor,/ relembrando a imagem querida/: *a minh'alma engrandece o Senhor/ pela Santa de Aparecida!:/*

2. Na Capela do Morro Coqueiro,/ quanta coisa bonita se viu!/ Quanta gente pedindo, chorando,/ implorando a cura na hora!/ Todos lembram o tal cavaleiro,/ e o milagre das velas no altar,/ o milagre do negro escravo,/ o milagre de Nossa Senhora.

3. Romarias de longe vieram,/ carregadas no embalo da fé,/ procurando, quem sabe, uma graça/ pras desgraças que sempre tiveram./ Todos querem, também, como outrora,/ um milagre pra poder viver,/ o milagre do amor que não passa,/ o milagre de Nossa Senhora!

5. Nossa Senhora da Luz
(Casemiro V. Nogueira)

1. Quem é essa mulher/ tão formosa, vestida de sol?/ Quem é essa mulher/ tão bonita como o arrebol?/ Quem é essa mulher/ coroada com estrelas do céu?/ Quem é essa mulher/ de sorriso meigo, doce como o mel?

É Maria, a Mãe de Jesus!/ É Maria, a Senhora da Luz! (bis)
2. Quem é essa mulher/ de ternura expressa no olhar?/ Quem é essa mulher/ braços fortes, rainha do lar?/ Quem é essa mulher/ que aceitou dar ao mundo a Luz?/ Quem é essa mulher/ que carregou em seu ventre Jesus?

3. Quem é essa mulher/ companheira de caminhada?/ Quem é essa mulher/ caminheira em nossa jornada?/ Quem é essa mulher/ que nos mostra a face de Deus?/ Quem é essa mulher/ que caminha junto com o povo seu?

4. Quem é essa mulher/ que se faz mãe, com todas as mães?/ Quem é essa mulher/ que é senhora, que é serva, que é mãe?/ Quem é essa mulher/ Mãe do povo, auxílio na cruz?/ Quem é essa mulher?/ É a Mãe de Deus, a Senhora da Luz!

6. Nossa Senhora, me dê coragem
(Pe. Ronoaldo Pelaquin, C.Ss.R.)
Nossa Senhora,/ me dê coragem/ nos desesperos/ do coração./ Nos desesperos/ da caminhada,/ Nossa Senhora,/ me dê a mão.
1. Sempre a meu lado,/ ela estava/ quando eu andava longe de Deus./ Agora que lhe entreguei meu coração,/ que lhe fiz consagração/ do meu corpo e todo ser,/ agora que me arrependo do malfeito,/ não tem jeito o pecado,/ Deus comigo eu quero ter.

2. Como eu bem sei/ que sou tão fraco/ e nos seus braços/ terei amor,/ não desanimo quando ouvir a tentação,/ pois terei sempre perdão/ cada vez que eu cair./ Em vez de medo eu terei de Deus temor,/ para não ficar no chão/ quando a morte, enfim, vier.

7. Palavras santas do Senhor
(L.: Balduino Meurer/
M.: Melodia popular)
Palavras santas do Senhor eu guardarei no coração. (bis)
1. Vossa Palavra é uma luz a iluminar/ o vosso povo em marcha alegre para o Pai.
2. Palavra viva, penetrante e eficaz,/ que nos dá força, nos dá vida, amor e paz.
3. De muitos modos Deus falou a nossos pais;/ ultimamente, por seu Filho, nos falou.

8. Com flores e com hinos
(José Acácio Santana)
Com flores e com hinos,/ com sentimentos bons,/ à Mãe dos peregrinos/ trazemos nossos dons. (bis)
1. O pão de cada dia e o dom de ter um lar,/ na Casa de Maria, queremos ofertar.
2. A chuva e o orvalho, o sol, que vem brilhar,/ e a bênção do trabalho queremos ofertar.
3. A Santa Mãe ajude dos males nos livrar,/ e a graça da saúde possamos ofertar.

4. A oferta mais sagrada do nosso coração/ é a vida consagrada/ à sua proteção.

9. Vinde, vamos todos
(L.: Adaptação a partir da Harpa de Sião/
M.: de autoria desconhecida)

Vinde, vamos todos,/ com flores à porfia,/: com flores a Maria,/ que Mãe nossa é:/
1. De novo aqui devotos,/ ó Virgem Mãe de Deus,/ estão os filhos teus/ prostrados a teus pés.
2. A oferecer-te vimos/ flores do mês eleito,/ com quanto amante peito,/ Senhora, tu vês.
3. Mas o que mais te agrada/ do que o lírio e a rosa,/ recebe, ó Mãe piedosa,/ o nosso coração.
4. Em troca te pedimos/ defenda-nos, Senhora,/ agora e na última hora,/ tua potente mão.

10. Olhai as flores, Senhora
(Pe. Ronoaldo Pelaquin, C.Ss.R.)

1. Olhai as flores, Senhora,/ as flores que ofereço,/ embora sei, não mereço;/ olhai as flores, Senhora./ Flores de amores, Senhora,/ flores de dores também./ Flores de espinhos ou sem,/ olhai as flores, Senhora.
Olhai, olhai, Senhora,/ as flores que ofereço,/ olhai, olhai! *(bis)*
2. Olhai as flores, Senhora,/ que eu consegui cultivar,/ que trouxe a vosso altar;/ olhai as flores, Senhora./ Assim bonitas, Senhora,/ assim vermelhas e brancas,/ agora bentas e santas,/ olhai as flores, Senhora.
3. Olhai as flores, Senhora,/ quando eu preciso comprar,/ por não saber cultivar;/ olhai as flores,/ Senhora./ Mas sou feliz, ó Senhora,/ porque plantaram pra mim:/ rosas, violetas, jasmim.../ Olhai as flores, Senhora.
4. Olhai as flores, Senhora,/ enquanto eu faço um pedido./ Preciso ser atendido;/ olhai as flores, Senhora./ Levai as flores, Senhora,/ a nosso Deus, lá no céu,/ o vosso Deus e o meu;/ levai as flores, Senhora.
Levai, levai, Senhora,/ as flores que ofereço,/ levai, levai! *(bis)*

11. Prece das Flores
(Silvio Lino)

1. O Santuário da Senhora Aparecida é terra Santa, é chão Sagrado onde eu piso. De romaria venho a Virgem visitar, flores e preces apresento neste altar.
Por isso eu canto com amor e esperança, erguendo os olhos, as mãos e inteiro coração: pra bendizer e agradecer o dom da vida ao Criador, que com amor me deu por Mãe: Nossa Senhora de Aparecida.
2. Em cada Rosa que enfeita o vosso trono, lembro as dores e angústias que vivi. Na caminhada encontro espinhos que me ferem, encontro pedras desde a hora em que parti.

3. Lírios do Campo vicejantes na manhã, no entardecer murcham e secam como feno, vos ofereço o perfume que ficou em minhas mãos qual pura e eterna oferenda.

4. Jasmins e cravos, violetas e outras flores, de tantas cores vejo o povo em procissão, Senhora minha, vede o gesto de carinho, em cada mão e em cada puro coração.

5. Foi no calvário junto à cruz a Mãe das dores, na Santa Páscoa sois a Mãe das alegrias, quero voltar feliz pra casa, ó Maria, cheio de paz, esperança, amor e vida.

12. Pensando em teu coração
(Pe. Anchieta, C.Ss.R.)

De todo nosso coração,/ pensando em teu coração,/ trazemos estas lindas flores, ó mãe,/ e as colocamos em tuas mãos.

1. Flores plantadas com carinho/ e cultivadas com amor/ em nossas mãos aqui trazidas/ são para Ti, Mãe do Senhor.

2. Olha os devotos como vêm/ cheios de fé e de emoção/ trazendo flores perfumosas/ para enfeitar teu coração.

3. Abre tuas mãos, ó Mãe do Céu./ Eis o que temos pra te dar:/ presentes da mãe natureza/ para enfeitar o teu altar.

4. Tu és, ó Mãe, a flor maior,/ coração materno de Deus./ Junto do Pai e do teu Filho,/ roga por nós, os filhos teus.

13. Flores a Maria
(Pe. Anchieta, C.Ss.R.)

1. Viemos de tantos lugares/ com flores para te dar./ De nossas mãos o perfume/ em tuas mãos vai ficar,/ Maria, Serva de Deus,/ Senhora, Mãe do Socorro,/ Mulher, Flor maior.

Eis nossa oferta de flores,/ eis também nosso louvor;/ tudo é simples, singelo,/ mas é doado com amor. *(bis)*

2. Devotos e firmes na fé,/ sonhamos em mutirão,/ unidos na esperança,/ em defesa do nosso chão,/ Maria, Serva de Deus,/ Senhora, Mãe do Socorro,/ Mulher, Mãe de fé.

3. Em volta do teu lindo altar,/ formamos nosso jardim!/ É o nosso jeito de amar,/ foi Deus quem nos fez assim,/ Maria, Serva de Deus,/ Senhora, Mãe do Socorro,/ Mulher, Mãe do Amor.

4. O doce perfume das rosas,/ a luz do teu lindo olhar,/ o teu sorriso de Mãe/ inspiram-nos a cantar:/ Maria, Serva de Deus,/ Senhora, Mãe do Socorro,/ Mulher, Mãe do Céu.

14. Abre, coração, abre em festa
(L.: Pe. Lúcio Floro/ M.: Waldeci Farias)

1. Abre, coração, abre em festa,/ e deixa entrar o Redentor./ Cristo seu perdão nos empresta,/ do Sangue dele nasce tal flor.

Mãe! Teu coração faz Deus ser irmão/ de quem era pobre pecador./ Um sorriso teu faz da terra um Céu;/ vem nos converter ao Teu amor.
2. Abre! Abre as portas da Igreja,/ e deixa o Redentor entrar./ Deus que te perdoa,/ deseja que saibas teu irmão perdoar
3. Abre! Abre o lar que partilhas/ e deixa entrar o Redentor./ Cristo redimiu as famílias/ e quer o amor no lar recompor.
4. Abre! Abre as portas da História,/ entrar teu Redentor farás./ Faze da justiça tua glória,/ e o mundo inteiro enfim terá a paz.

15. Nessa curva do rio
(L.: Pe. Lúcio Floro/
M.: Cônego José Guimarães)
1. Nessa curva do rio, tão mansa,/ onde o pobre seu pão foi buscar,/ o Brasil encontrou a esperança:/ esta Mãe, que por nós vem rezar!
O mistério supremo do amor/ com Maria viemos cantar!/: A nossa alma engrandece o Senhor!/ Deus, que salva, hoje é Pão, neste altar.:/
2. Nosso altar tem um jeito de mesa,/ e aqui somos um só coração./ Que esta festa nos dê a certeza:/ não teremos mais mesa sem pão!
3. Quando o vinho faltou, foi Maria/ que em Caná fez a prece eficaz./ Nosso povo aqui veio e confia:/ quer seu pão, e ter voz e ter paz.
4. Há soberbos no trono com tudo.../ E há pobres sem nada no chão.../ Deus é Pai! Ela é Mãe! Não me iludo:/ não és rico, nem pobre, és irmão.

16. Queremos Deus
(D.R.)
1. Queremos Deus, povo escolhido,/ em Jesus Cristo Salvador,/ que em seu amor tem reunido/ assim o justo e pecador!
Da nossa fé, ó Virgem,/ o brado abençoai: Queremos Deus, que é nosso Rei,/ queremos Deus,/ que é nosso Pai:/
2. Queremos Deus! A caridade/ é nossa lei de bons cristãos,/ pois nisto está toda a verdade:/ "Amar-nos sempre como irmãos".
3. Queremos Deus! E na esperança/ peregrinarmos sem temor,/ pois nossa fé e segurança/ nos vêm da Igreja do Senhor!
4. Queremos Deus, na sociedade,/ na lei, na escola e em nosso lar./ Justiça e paz, fraternidade,/ então, no mundo, há de reinar!
5. Queremos Deus! Todos queremos/ o sangue dar por suas leis./ Cristãos leais, nós seguiremos/ a Jesus Cristo, Rei dos reis.
6. Queremos Deus! Prontos juramos/ ao Pai divino obedecer./ E de o servir nos ufanamos:/ queremos Deus até morrer!

17. Venham todos para a Ceia do Senhor
(L.: Dom Carlos Alberto Navarro/ M.: Ir. Miria T. Kolling, ICM)

Venham, venham, todos,/ para a Ceia do Senhor,/ Casa iluminada,/ mesa preparada,/ com paz e amor./ Porta sempre aberta,/ Pai amigo,/ aguardando, acolhedor./ Vem do alto,/ por Maria,/ este pão que vai nos dar./ Pão dos anjos,/ quem diria,/ nos fará ressuscitar.

1. Canta a Igreja o sacrifício/ que, na cruz, foi seu início!/ E, antes, Jesus quis se entregar:/ Corpo e Sangue em alimento,/ precioso testamento!/ Como não nos alegrar?
2. Para a fonte "Eucaristia"/ vai sedenta romaria./ Volta, em missão de transformar,/ cada um e todo o povo,/ construindo um mundo novo./ Como não nos alegrar?
3. Com a solidariedade,/ renovar a sociedade,/ pela justiça e paz lutar./ Vendo o pão em cada mesa,/ vida humana com nobreza./ Como não nos alegrar?
4. A assembleia manifesta:/ a Eucaristia é festa!/ Somos irmãos a celebrar./ Povo santo penitente,/ que se encontra sorridente./ Como não nos alegrar?
5. Cristo vive,/ se oferece,/ intercede, escuta a prece./ Em toda a terra quer morar./ Por amor é prisioneiro,/ nos aguarda o dia inteiro./ Como não nos alegrar?

18. Graças e louvores
(Pe. Ronoaldo Pelaquin, C.Ss.R.)

Graças e louvores/ nós vos damos/ a cada momento,/ ó Santíssimo/ e Diviníssimo/ Sacramento.

1. No sacramento misterioso do teu altar,/ o que era pão agora é a carne de Jesus./: *quero comungar o Corpo de Deus,/ quero o teu Corpo comungar:/*
2. No sacramento misterioso do teu altar,/ o que era vinho agora é o sangue de Jesus./: *quero comungar o Sangue de Deus,/ quero o teu Sangue comungar:/*
3. Se tu me deste tua vida, ó meu Senhor,/ se tu me deste tua vida em comunhão,/: *quero distribuir-te a meu irmão,/ quero distribuir-te com meu amor:/*

19. Eu te adoro, ó Cristo
(L.: Santo Tomás de Aquino/ M.: Pe. Ronoaldo Pelaquin, C.Ss.R.)

1. Eu te adoro, ó Cristo, Deus no santo altar./ Neste sacramento vivo a palpitar./ Dou-te, sem partilha, vida e coração,/ pois de amor me inflamo na contemplação.
Tato e vista falham, bem como o sabor./ Só por meu ouvido tem a fé vigor./ Creio o que disseste, ó Jesus, meu Deus,/ Verbo da Verdade, vindo a nós do céu.
Jesus, nós te adoramos. *(4x)*
2. Tua divindade não se viu na cruz,/ nem a humanidade vê-se aqui, Jesus./ Ambas eu confesso

como o bom ladrão,/ e um lugar espero na eternal mansão.
Não me deste a dita, como a São Tomé,/ de tocar-te as chagas, mas eu tenho fé./ Faze que ela cresça com o meu amor,/ e a minha esperança tenha novo ardor.
3. Dos teus sofrimentos é memorial/ este pão de vida, pão celestial./ Dele eu sempre queira mais me alimentar,/ sentir-lhe a doçura divinal sem-par.
Bom Pastor piedoso, Cristo, meu Senhor,/ lava no teu Sangue a mim tão pecador,/ pois que uma só gota pode resgatar/ do pecado o mundo e o purificar.
4. Ora te contemplo sob espesso véu,/ mas desejo ver-te, bom Jesus, no céu./ Face a face, um dia, hei de ti gozar,/ nesta doce Pátria e sem-fim te amar.

20. Jesus Cristo está realmente
(Popular brasileiro)
1. Jesus Cristo está realmente,/ de dia e de noite, presente no altar,/ esperando que cheguem as almas/ humildes, confiantes, para o visitar.
Jesus, nosso irmão,/ Jesus Redentor/: nós te adoramos na Eucaristia,/ Jesus de Maria,/ Jesus, Rei de amor.:/
2. O Brasil, esta terra adorada,/ por ti abençoada foi logo ao nascer./ Sem Jesus, o Brasil, Pátria amada,/ não pode ser grande, não pode viver.

3. Brasileiros, quereis que esta Pátria,/ tão grande, tão bela, seja perenal?/ Comungai, comungai todo dia:/ a Eucaristia é vida imortal.

21. Viva Cristo na hóstia sagrada
(L.: Pe. João Lírio/
M.: Fr. Paulo A. de Assis)
Viva Cristo na hóstia sagrada,/ nosso Deus, nosso pão, nossa lei!/ Entre nós, no Brasil,/ Pátria amada,/ viva Cristo Jesus, nosso Rei!
1. Brasileiros, em preces e cantos,/ vamos todos Jesus aclamar./ Rei dos homens, dos anjos e santos,/ nós te cremos presente no altar!
2. Por nós, homens, no altar, te ofereces/ a Deus Pai, como outrora, na cruz./ Também nós, nossas almas em prece,/ ofertamos contigo, Jesus.
3. No Natal, nosso irmão te fizeste,/ por bondade do teu coração,/ mas, agora, em amor tão celeste,/ queres mais, queres ser nosso Pão.
4. Hóstia santa, das almas a chama,/ sol do mundo, das noites a luz,/ o Brasil genuflexo te aclama:/ Salve Rei, Salve Cristo Jesus!

22. Louvado seja Nosso Senhor Jesus Cristo
(Pe. Ronoaldo Pelaquin, C.Ss.R.)
Louvado seja Nosso Senhor Jesus Cristo!/ Para sempre seja louvado!/ Para sempre seja louvado!

1. A história em Nazaré aconteceu,/ quando o anjo do Senhor apareceu/ à Santa Virgem Maria,/ dizendo que ela seria/ a Mãe do Filho de Deus/ e cujo nome seria/ o de Jesus Salvador,/ Jesus, o Cristo Senhor.
2. A história em nossa vida continua,/ quando a minha fé em Deus é igual a sua,/ para louvar o amor,/ que de Maria nasceu/ e que por nós na cruz morreu. Louvado seja o amor,/ louvado seja Jesus,/ Jesus, o Cristo Senhor.

23. A Ele a glória e o poder!
(Pe. Wallison Rodrigues)
Ant.: Jesus Cristo fez de nós um reino; Sacerdotes para Deus, seu Pai.
A Ele a glória e o poder,/ a Ele a glória e o poder,/ eternamente, pelos séculos sem-fim./ Amém!
1. Bendizei o Senhor, Rei de justiça;/ o seu reino se estende pelos séculos. (cf. Tb 13,1.6)
2. Bendizei o Senhor, Rei onipotente;/ a Ele poder, glória e salvação! (cf. Apc 19,1.6)
3. Bendizei o Senhor, Rei dos séculos;/ porque é justo em todas suas obras. (cf. Dn 3,26-27)
4. Bendizei o Senhor, Rei da glória;/ louvai-o e exaltai-o para sempre. (cf. Dn 3,2.88)
5. Bendizei o Senhor, Deus de Israel,/ que visitou e libertou o seu povo. (cf. Lc 1,68)
6. Bendizei o Senhor, Jesus Cristo,/ que oferece as bênçãos do Espírito. (cf. Ef 1,3)
7. Bendizei o Senhor, Rei dos reis;/ Senhor supremo, único e imortal. (cf. 1Tm 6,15-16)
8. Bendizei o Senhor, eleitos todos;/ cantai a glória, celebrai seus dias. (cf. Tb 13,10)

24. Se eu não tiver amor
(Pe. Ney Brasil)
Se eu não tiver amor,/ eu nada sou, Senhor! *(bis)*
1. O amor é compassivo,/ o amor é serviçal,/ o amor não tem inveja,/ o amor não busca o mal.
2. O amor nunca se irrita,/ não é nunca descortês,/ o amor não é egoísta,/ o amor nunca é dobrez.
3. O amor desculpa tudo,/ o amor é caridade,/ não se alegra na injustiça,/ é feliz, só na verdade.
4. O amor suporta tudo,/ o amor em tudo crê,/ o amor guarda a esperança,/ o amor sempre é fiel.
5. Nossa fé, nossa esperança,/ junto a Deus, terminarão,/ mas o amor será eterno,/ o amor não passará.

25. Oferta de alimentos
(Silvio Lino)
1. Senhora da vida, Mãe do Salvador,/ a ti nós trazemos o pranto e a dor/ de um povo que luta à procura do pão,/ trabalho, justiça, um mundo irmão.

Por nossas mãos, em tuas mãos,/ gesto concreto do coração:/ compartilhar do que Deus dá,/ em procissão o pão partilhar.

2. Maria em Caná fez a prece eficaz:/ que o Filho Jesus não deixasse faltar/ o vinho na mesa de quem acredita;/ em Aparecida também o convida.

3. Ninguém é tão pobre que não possa dar,/ talvez, um sorriso, um abraço, um olhar./ Estender as mãos ao menor dos irmãos/ é comprometer-se com a vida cristã.

26. Queremos os dons repartir
(Silvio Lino)
Maria, Mãe Aparecida, queremos os dons repartir./: Um pouco do que temos no altar, oferecemos os frutos do suor de nossas mãos:/

1. No batismo Jesus se compromete doar a vida ao serviço dos irmãos. O Pai confirma eis meu filho muito amado. Gesto que ensina-nos a abrir o coração.

2. Houve uma festa em Caná da Galileia, faltando o vinho que é sinal de alegria. A Mãe alerta, e Jesus faz água em vinho. Gesto que ensina transformar nosso caminho.

3. Por toda a parte, o Reino anunciava e proclamava eis o tempo de mudar, ser generoso e solidário com os pobres, gesto que indica o caminho pra ter paz.

4. Quando ofertamos aos irmãos necessitados mesmo que pouco, mas doado com amor, o nosso rosto também é transfigurado; gesto fraterno que agrada ao Senhor.

5. Na Eucaristia Jesus se faz partilha, Pão de igualdade, repartido entre irmãos. O Pão que muda nossa sorte e nossa vida, gesto do Cristo, que se dá em comunhão.

27. Tudo está Interligado
(Cireneu Kuhn, svd)
Tudo está interligado,/ como se fôssemos um./ Tudo está interligado,/ nesta casa comum.

1. O cuidado com as flores do jardim,/ com as matas, os rios e mananciais./ O cuidado com o ar e os biomas/ com a terra e com os animais.

2. O cuidado com o ser em gestação, co' as crianças um amor especial./ O cuidado com doentes e idosos,/ pelos pobres opção preferencial.

3. A luta pelo pão de cada dia,/ por trabalho, saúde e educação./ A luta pra livrar-se do egoísmo/ e a luta contra toda corrupção.

4. O esforço contra o mal do consumismo,/ a busca da verdade e do bem./ Valer-se do tempo de descanso,/ da beleza deste mundo e do além.

5. O diálogo na escola e na família,/ entre povos, culturas, religiões./ Os saberes da ciência, da

política,/ da fé, da economia em comunhão.
6. O cuidado pelo eu e pelo tu,/ pela nossa ecologia integral./ O cultivo do amor de São Francisco,/ feito solidariedade universal.

28. Mãe Aparecida
(José Acácio Santana)
1. Eu deixei tudo e coloquei o pé na estrada,/ pra visitar a Santa Mãe Aparecida./ Trouxe comigo uma esperança renovada/ de ser melhor e mais feliz em minha vida.
Eu vim de longe ver a Mãe Aparecida,/ Nossa Senhora Imaculada Conceição./ Quero voltar com sua bênção, Mãe querida,/ levando fé e muita paz no coração.
2. Aqui cheguei no Santuário de Maria/ e, ajoelhado, meu pedido vou fazer./ Quero que a Santa veja a minha romaria/ e me renove a alegria de viver.
3. Eu vou partir, deixando longe Aparecida./ Terei saudade dessa peregrinação./ Eu vim, contente, consagrar a minha vida/ e vou levando a paz de Deus no coração.

29. Companheira Maria
(Raimundo Brandão)
1. Companheira, Maria,/ perfeita harmonia entre nós e o Pai,/ modelo dos consagrados,/ nosso sim ao chamado do Senhor confirmai.
Ave, Maria, cheia de graça,/ plena de raça e beleza,/ queres, com certeza, que a vida renasça./ Santa Maria, Mãe do Senhor,/ que se fez pão para todos,/ criou mundo novo só por amor.
2. Intercessora, Maria,/ perfeita harmonia entre nós e o Pai,/ justiça dos explorados,/ combate o pecado, torna todos iguais.
3. Transformadora, Maria,/ perfeita harmonia entre nós e o Pai,/ espelho de competência,/ afasta a violência, enche o mundo de paz.

30. Senhora d'Aparecida
(L.: Irmã Luiza Neves, FSP/
M.: Waldeci Farias)
1. Senhora d'Aparecida,/ Maria que apareceu/ com rosto e mão de gente:/ gesto de mãe que está presente, acompanhando o povo teu.
Senhora d'Aparecida,/ vi tua cor se esparramar/ na vida de nossa gente/ como um grito de justiça/ pra teu povo libertar.
2. Senhora d'Aparecida,/ Maria da Conceição,/ sofrendo miséria e fome,/ não temos terra, nem salário,/ como é dura a escravidão!
3. Senhora d'Aparecida,/ Maria das romarias,/ teu povo anda sem rumo,/ vai sem destino, procurando/ vida, pão e moradia.
4. Senhora d'Aparecida,/ Maria da caminhada,/ unindo os pequeninos,/ rompendo a cerca

que nos cerca/ e que interrompe a nossa estrada.
Senhora d'Aparecida,/ vi tua cor se esparramar/ na vida de nossa gente/ como um grito de justiça/ pra teu povo libertar.
5. Senhora d'Aparecida,/ Maria, Nossa Senhora,/ é luta a nossa história,/ e a Palavra do teu Filho/ dá a certeza da vitória.

31. Rio da vida
(Silvio Lino)
1. Navegando no rio da vida,/ pescadores buscavam seu pão./ Mas os peixes nas redes não vinham/ para festa dos nobres de então.
É Jesus hoje o Pão que nos une,/ ao redor desta mesa do altar./ Nesta festa Maria é presente/ como nas bodas que houve em Caná. (bis)
2. Foi num lance de rede a surpresa,/ uma imagem nas malhas ficou,/ e a junção da cabeça e do corpo/ veio unir nosso povo ao Senhor.
3. Muitos peixes tiraram das águas,/ feito hóstias na mesa do altar./ Alimenta Jesus os romeiros/ que a Mãe hoje vem visitar.
4. Coração do Brasil hoje pulsa,/ rejubila de amor e alegria em Maria,/ que educa na fé:/ "Fazei tudo o que Jesus disser".
5. Brasileiros cantemos contentes/ com Maria o primeiro sacrário./ A nossa alma se alegra em Jesus,/ o caminho que aos céus nos conduz.

32. Padroeira do Brasil
(L.: Antônio Kunhem/ M: José Acácio Santana)
Ó Senhora Aparecida,/ o teu manto é cor de anil,/ foste um dia proclamada/ Padroeira do Brasil.
1. Lá no Rio Paraíba,/ pescadores te encontraram,/ e, a partir daquele dia,/ seus louvores te levaram.
2. Ó Rainha e Padroeira,/ também foste coroada,/ para a gente brasileira/ tu és Mãe e Advogada.
3. Ó Senhora Aparecida,/ dá-nos sempre proteção/ e durante toda a vida/ nos conduzas pela mão.

33. Maria de todas as cores
(Pe. José Freitas Campos)
1. Quem és tu, Senhora, vestida de azul,/ que acolhes romeiros do Norte e do Sul?
Ave, ave, Maria!
2. Quem és tu, Senhora, de verde vestida,/ que animas teus filhos na luta da vida?
3. Quem és tu, Senhora – vermelho é teu manto –,/ que amparas, consolas teu povo no pranto?
4. Quem és tu, Senhora? És negra na cor./ Do negro, o escravo, ouviste o clamor.
5. Quem és tu, Senhora? É branca tua veste./ Libertas os pobres da fome e da peste.

6. De manto amarelo, quem és tu, Senhora?/ Conclamas o mundo à paz sem demora.
7. És Aparecida que apareceu/ ao pobre, ao pequeno, aos filhos de Deus.

34. Louvemos, cantando
(Santo Afonso Maria de Ligório)
1. Louvemos, cantando,/ a Filha e Esposa,/ a Mãe amorosa/ de quem a criou.
Oh! Viva Maria!/ Maria, oh! Viva!/ Oh! Viva Maria/ e quem a criou!
2. Agora, Maria,/ ausente do Filho,/ qual flor, neste exílio,/ entre nós ficou!
3. Ardendo-lhe n'alma/ de Deus o desejo:/ dos céus ao bafejo,/ morrer aspirou!
4. Quem tanto a queria,/ seu divino Esposo,/ ao pleno repouso/ dos céus a chamou.
5. A morte esperava/ que os céus lhe abriria/ e a morte fugia,/ bem longe ficou.
6. O Amor sobrevindo,/ com dardo inflamado,/ o golpe esperado,/ enfim, lhe vibrou.
7. Na paz mais suave,/ de amor já ferida,/ deixando esta vida,/ feliz expirou!
8. A Pomba no voo/ alçou-se do exílio./ Nos braços, o Filho/ aos céus a levou.
9. E, agora, num trono,/ ó bela Rainha,/ te assentas vizinha/ de quem te criou.
10. Do trono que reinas,/ o olhar teu meu inflame./ Oh! Faze que eu ame/ quem sempre me amou.

35. Dulcíssima Esperança
(Santo Afonso Maria de Ligório)
1. Dulcíssima esperança,/ meu belo amor, Maria,/ tu és minha alegria./ A minha paz és tu./ Quando teu nome eu chamo/ e em ti, Maria, eu penso,/: *então um gáudio imenso/ me rouba o coração!:/*
2. Se algum mau pensamento/ vem perturbar a mente,/ se esvai apenas sente/ teu nome ressoar./ Nos mares deste mundo,/ tu és a estrela amiga,/: *que o meu barquinho abriga/ e o pode, enfim, salvar!:/*
3. Debaixo de teu manto,/ minha Senhora linda,/ quero viver e, ainda,/ espero aqui morrer./ Porque, se a ti amando/ me toca feliz sorte,/: *contigo estar na morte/ é ter seguro o céu!:/*
4. Estende-me teus braços,/ de amor serei cativo./ No mundo, enquanto vivo, serei fiel a ti./ Meu coração é presa/ do teu amor clemente./: *A Deus farás presente/ do que já não é meu!:/*

36. Ó Maria, Virgem bela
(Santo Afonso Maria de Ligório)
Ó Maria, Virgem bela, outra igual nunca se viu. Criatura assim tão pura como vós não existiu.
Vosso rosto é um paraíso todo graça e pureza. Mais divina e preciosa, só Deus é a beleza.

Como estrelas reluzentes, vossos olhos... que emoção! São dois dardos que nos ferem, bem no fundo, o coração.
São de pérolas que, ao vê-las, nos cativam essas mãos. Todo bem nelas encontram os que ali buscá-lo vão.
Sois rainha à qual se curvam terra, inferno e o céu também; mas, confiando em vosso amor, pecadores aqui vêm.
Quando, ó Deus, por suma graça, lá no céu eu vos verei? Quando, quando, suspirando, com Maria eu partirei?
Do antigo inimigo, quantas almas vós livrais! Não deixeis, minha Senhora, meu Senhor perder jamais!

Redação e Revisão Teológica:
Pe. Ferdinando Mancilio, C.Ss.R.
Pe. José Ulysses da Silva, C.Ss.R.
Pe. Domingos Sávio da Silva, C.Ss.R.
Pe. Eduardo Catalfo, C.Ss.R.

Organização dos cantos:
Ir. Alan Patrick Zuccherato, C.Ss.R.

Projeto gráfico e diagramação:
Silas Abner Campos de Oliveira

Identidade Visual Novena e Festa 2024:
Conceito e roteiro: Romulo Barros
Ilustração e arte: Cláudio Machado
(Núcleo de Comunicação Institucional e Criação do Santuário Nacional)
Tv Aparecida - Equipe de Videografismo - Portal A12

Revisão:
Ana Lúcia de Castro Leite
Luana Galvão

Todos os direitos reservados à **EDITORA SANTUÁRIO** – 2024

Rua Pe. Claro Monteiro, 342 – 12570-045 – Aparecida-SP
Tel.: 12 3104-2000 – Televendas: 0800 016 0004
www.editorasantuario.com.br
vendas@editorasantuario.com.br

ISBN 978-65-5527-410-3